しょぼい
喫茶店
2F

# しょぼい喫茶店の本

池田達也

百万年書房

しょぼい喫茶店の本　目次

# 第1章

# 僕は働きたくなかった

僕は働きたくなかった。

ただただ働きたくなかった。

理由はよくわからない。

大学生時代、アルバイトをしてみたこともあった。学費や家賃は親が払ってくれていたし、ブランド物が好きだったわけでもなく、飲み会や旅行にもあまり行かなかったので、出費が多かったわけでもない。料理が好きだったから自炊が多かったし、友達と遊ぶ時も自宅に集まることが多かった。外食もファミレスや牛丼屋で十分おいしいと思えた。休日は家にこもってずっと寝ているか、公園に行ってボーっとしたり友達とキャッチボールをして遊んだりしていた。だから、そんなにお金のかかる学生ではなかったように思う。仕送りもあったので、まったく必要には迫られていなかったのだけれど、ただ、周りの友人はみんなアルバイトをしていて、アルバイトをせずに親の脛《すね》をかじっているのはクズだみたいな空気に耐えられなくなって始めてみた。

でも、ネットカフェ1日、居酒屋3か月、プールの監視員2か月、レストラン半年、喫茶店半年とどれも続かなかった。

別に人間関係が悪かったとかブラックバイトだったとかいうわけじゃない。働いている間ずっとスイッチを入れ続けている、あの感じが本当に無理だった。

「ちゃんとしていなきゃいけない」

あの感じがすごく疲れてしまう。バイト先に行った瞬間、本当の自分を捨ててちゃんとした自分を演じるのが辛かった。社員さんが目を合わせてくれなかったり、コップを少し強く置いたりするだけで、自分が何かしてしまったんじゃないかと考えてしまう、あの感じが大嫌いだった。

延々と人の顔色をうかがい続ける。

自分で自分の評価ができない。

自分がこの場にいていいのか、常に誰かに許しを乞うている。

自分はちゃんとしているつもりでも、誰かの機嫌を損ねてしまっているかもしれない。じゃあ自分はもっとちゃんとしないと。もっとしっかり演じないと。もっともっと本当の自分を捨てて、だめな自分を見せないようにしなければ。そんな悪循環をどのバイト先でも繰り返した。働けば働くほど、本当の自分はだめなやつなんだという気持ちが強くなった。そんな気持ちが溢れてしまうと、パタッとバイトを辞めてしまう。そして、辞めてしまったことで、より一層自分はだめなやつなんだという気持ちが増していく。

だから、僕は働きたくなかった。

## 燃やしきれなかった自己嫌悪

小・中学生の頃はちゃんとしていなきゃいけないことの辛さを感じたことはほとんどなかった。小学生の時は児童会の委員長を務め、中学生の時はバスケットボール部の部長をやっていた。小・中学校ともにクラスの中心で割と明るいほうだったし、何かやる時はリーダーを任されることが多かった。

ちゃんとしなきゃという意識を強くもったことはなかったし、もちろん少しは感じることもあったけれど、それを辛く感じるほどではなかった。

変化があったのは高校生の時だった。僕は小学校からバスケットボールを続けていたので、高校に入学しても迷わずバスケットボール部に入部した。中学生の頃は1年生からユニフォームをもらい、地区の選抜選手にも選ばれたりしていて、ギャラリーで応援をしたりベンチ入りできなくて悔しい思いをしたりという経験をしたことはなかった。顧問の先生にも先輩たちにも特に気を遣うことなく、よく言えばのびのびと、悪く言えば図々しく調子に乗っていた。だから、高校生になってももちろん自分の力が通用するものだと信じて疑わず、自分の活躍に期待していた。

でも、その期待が現実になることはなかった。

通用するとかいう以前に、試合に出ることさえできなかった。高校生は大きくて速くて、僕はまだそのレベルに達していなかった。たまに出た試合では緊張で何をどうしたらいいのかまったくわからず、ボールが自分に近づいてくるのが怖かった。そのたびに怒鳴られた。時には先生に胸ぐらをつかまれることやビンタをされることもあった。

悔しかった。二軍三軍の試合に出て、ミスをしては怒鳴られ、体育館の隅を走らされている自分が惨めで惨めで仕方なかった。

高校入学までに止め処なく膨れ上がった自尊心は、そのままの大きさで羞恥心になり、やがて自己嫌悪として僕を苦しめた。

その自己嫌悪をなんとか燃料に変換し、自分を変えようと努力した。朝5時に起きて6時前に家を出るようにした。外は暗くて、まだ月が出ていた。6時半の電車に乗って

7時前に学校に着き、誰もいない体育館でひたすら練習した。

夜は全体の練習が終わった後、20時過ぎまで居残り、20時半の電車に乗って、家に着くのは22時前だった。家族全員が寝静まった家はすごく暗くて寒かった。冷めた夕飯を温め直して、ひとりでは広すぎる食卓で、母の料理を食べた。風呂に入り、寝るのは0時過ぎだった。

大変だけど、この生活を続けていればいつか必ず報われる、いつか先生が認めてくれてレギュラーになれる、とにかく頑張らないと。そう自分に言い聞かせていた。


そんな生活を数か月繰り返していると、少しずつ何かがおかしくなっていった。布団に入る前、朝が来るのがすごく怖くなった。寝てしまったら、また明日が来てしまう。明日が来れば、また辛い思いをする。そんな思いが頭にこびりつき、身体は寝ているのに頭は寝ていないような、授業中のうたた寝のような睡眠しかできなくなった。

朝起きると、また朝を迎えてしまったんだと大きなため息をつくようになった。身体が芯から冷えきり、どんなに動いても手足は氷のように冷たいままだった。

練習中は、先生が何を見て何を考えているのか、自分がどんな評価をされているのかが怖くて、先生の一挙手一投足を気にするようになった。そしてそのすべてが自分に対する低評価を示すものだと感じるようになった。自分が怒鳴られるのはもちろん、他の誰かが怒られるのを聞くだけで目まいがし、時には吐き気をもよおした。

辛かった。ただただ辛かった。自分ではこれ以上ないほどの努力をしていても、評価は変わらないどころか下がっていく一方で、もうどうしていいかわからなくなっていた。

ある朝、いつものように誰もいない体育館へ向かって通学路を歩いていると、ふと通勤ラッシュの車が目に付いた。ここからあと数メートル前に出れば、僕は轢《ひ》かれて死ぬことができる。そうしたら今日も明日も明後日も、ずっと部活に行かなくていいんだ。こんなに辛い毎日を終わらせることができるんだ。もう少しだけ、もう少しだけ前に、気がつくとそんなふうに考えていた。

それから数日後、久しぶりの練習試合で、ベンチに座っていた僕は交代を告げられた。急いで審判に交代を伝えに行ったものの、タイミングが合わず試合が再開されてしまった。それを見ていた先生が「トロトロしてんじゃねえよ！　このノロマが！　そんなんだからいつまで経っても役立たずなんだよ！　この使えねえグズ！」と怒鳴った。

何かがトンと途切れた感じがした。次の日から僕は部活に行けなくなった。それ以来、誰かに評価されることがすごく怖くなった。認められて、評価されて、気に入られるにはどうしたらいいんだろうと常に顔色をうかがって行動するようになった。そして少しでも不機嫌そうな振る舞いがあると、そのすべてが自分のせいなのだと考えてしまった。誰も自分のことなんて見ていない、ただの考え過ぎだと思おうとすればするほど、自分は他人に嫌われるのが怖くて誰かからの承認が欲しくて欲しくてたまらない本当に嫌なやつだと感じるようになった。

あの時、先生に認められたくてどうにか燃料にしていた自己嫌悪は、不完全燃焼を起こしてさらに有害な何かに変わり、気づくとそれは僕を構成するもっとも大きな要素になっていた。

## 逃げてもやってくる就職活動

部活を辞めたことやアルバイトが続かないことで、自分には諦め癖があるのだと思った。何をやっても続かない。そんな言葉を耳にすると、自分のことを言われているんじゃないかと苦しくなった。

「働けない」

大学の年次があがり就職活動が近づくにつれ、その気持ちが大きくなった。大学3年の冬、同期たちが就活モードに切り替わり、インターンや就活セミナーのためにスーツで大学に来ることが増えた。明るかった髪は黒く染められ、リクルートスーツに身を包む彼らを見るのが辛かった。僕はなんとか就活から逃げる方法を探した。

そこで見つかったのが、海外留学だった。

ワーキングホリデーというシステムがあり、海外で働きながら勉強をしたり旅行ができることを知った。僕は、英語が話せるようになりたいとか、大陸横断旅行がしたいとは微塵《みじん》も思っていなかったのだけれど、とりあえずこれを利用すれば1年間は就活から逃れられると思い、すぐに応募した。

行き先は、受け入れ人数がもっとも多かったカナダにした。親に頭を下げて費用を出してもらい、同期たちが本格的に就職活動を始めた2016年の4月、文字どおり逃げるように僕はカナダへ行った。

最初の3か月は現地の語学学校に通っていたのだけど、他の生徒のテンションにまったくついていくことができなかった。休み時間になるとすぐに外へ行ってタバコを吸い、学校が終わるとすぐに家に帰った。家はホームステイだったのだけれど、そこでも馴染むことができず、自室に閉じこもっていることが多かった。

3か月の語学学校が終わると、アルバイトを探した。いろいろと探してレストランのキッチンで皿洗いをすることになった。みんなフレンドリーでいい人たちだったけれど、僕はずっと彼らの顔色をうかがい続け、一向に心を開くことができなかった。何を話しているのかさっぱりわからない人たちの顔色をうかがいながら、10時間以上皿を洗い続けるのは本当に辛かった。辛かったけれど、せっかくカナダへ来たんだから諦め癖を治さないといけないと思い、働き続けた。

でも、それも長くは続かなかった。

結局そのアルバイトも3か月くらい経ったところで辞めてしまい、僕の諦め癖が治ることはなかった。

それからは、昼くらいに起きて図書館に行って日本語の本を読んだり、ボーっと1日中自室にこもってYouTubeを観たりしていた。せっかく海外にいるんだからという気持ちと、何もできず怠惰に過ごしている現実とのギャップが苦しかった。苦しいのに何もできなかった。鬱々とした気持ちは日に日に積み重なっていき、とうとう僕は逃げることも諦め、予定より2か月も早い12月に日本へ帰ることを決めた。

カナダでの最後の夜。辛くて、惨めで、本当にどうしようもない自分が憎くて、嗚咽《おえつ》するまで泣いた。帰国してからは、実家に帰ったり友達の家に泊まったりしていた。予定より早く帰ってきてしまった僕を優しく迎えてくれた温かさが、どうしようもなく申し訳なかった。アルバイトも続けられず、カナダでも時間とお金を浪費し、結局、大学時代に何ひとつとして頑張ったことがないまま、僕の就職活動は始まってしまった。

## 嘘まみれのエントリーシート

就職活動では、まず最初にエントリーシートを書く。

エントリーシートとは、履歴書の少し詳しいバージョンのようなもので、学歴や資格の他に、学生時代に頑張ったこと、志望動機、自己PRなどを書く。記入項目は企業によって異なり、先の3つを基本に、入社したらやってみたいことや、どんな社会人になりたいかを問う企業もあった。

カナダでの生活を引きずり、結局、学生時代に何も成し遂げられず、就職なんてできるわけがないと思っていた僕にとって、この作業は苦痛でしかなかった。

働きたくないのに「働かせてください、自分を雇えばこんなにいいことがあります！」なんてことは書きようがなかった。何度自己分析をしても、働きたくないというところに行き着いてしまう。

そんなことを繰り返すたびに、やっぱり自分はだめなやつなんだという気持ちが大きくなっていった。

周りの就活をしている友人たちはみんな大変だと言っていたけれど、それでもどこかイキイキと輝いて見えた。スーツを着て髪の毛を固めてネクタイを締めている彼らは、急に大人スイッチが入ったようで、自分だけがまだ大人になることを受け入れられないでいる子供のような気がした。僕もなんとか置いていかれたくなくて、必死に本当の自分を殺して、就活生になろう、大人になろう、とやってみた。

髪を切って、スーツを買って、カフェに行って自己分析と企業研究をして、エントリーシートを書いた。自己分析は、学生時代に頑張ったことや、自分の強みや弱みを考えるのだけれど、何をしたらいいのかよくわからなかったので、とりあえずネットで就活サイトを検索し、そのフォーマットに従った。何に取り組んだのか、その動機、目標と困難、取り組みと結果、人柄がどう活きたか、そこからの学びとそれを社会でどう活かすのかなどを考えていくものだった。

何に取り組んだのか、まずそこからわからなかった。アルバイトはどれも続かなかったから書けないし、カナダでの経験も惨憺《さんたん》たるもので書くわけにいかない。

さんざん悩んで「留学に行こうと決意したこと」を頑張ったことにした。人見知りをなおすためにひとりで行ったとか、バイト探しは大変だったけれどなんとか頑張ったとか、そんなことを書いた。企業では、そういう「コミュニティを自分で切り拓いていく力」を活かしたいと書いた。

完全に嘘だった。

あんな自堕落でどうしようもない生活を頑張ったことにして、自分は素晴らしい人間なんだと言い張るのはすごく虚しかった。考えれば考えるほど、書けば書くほど自己嫌悪は大きくなった。それでも、もう就職活動から逃げ出すことはできず、日に日に大きくなる自己嫌悪を無視し続けた。

次は、自分の強みと弱みを考えた。強みは「計画的に物事が進められること」で、弱みは「心配性」と書いた気がする。この強みと弱みは本当に最後までよくわからず、友達に聞いたことをそのまま書いた。

企業研究は、企業の採用ページやアニュアルレポートという年次報告書みたいなものを読んで、その企業が次にどんなことをしようとしているのか、そのためにはどんな人材が必要なのかということを考えた。自分がどれだけ不適合かが浮き彫りになり、それをどうにか型にはめ込もうと必死で文章を考えた。


心の一番奥の芯の部分では、働けないし働きたくないと思っていたけれど、そんなことを考えていては就職することができない。就職ができなければ生きていくことはできない。だから、そういうことはなるべく考えないように、考えようとする自分は本当にだめなやつなんだと言い聞かせ続けた。そうすることで、本当の自分は死んでいって、いつか大人になれるんだと信じていた。それが社会に順応することだと思っていた。そう思い続けてひたすらエントリーシートを書いた。

そして、嘘まみれで、本当の自分を否定しまくったエントリーシートを、いくつかの企業に提出した。

## 嘘をつく訓練

それから面接までの準備期間は、このエントリーシートに書かれた人間を演じるための訓練だった。何度も何度もエントリーシートや企業の採用情報を読み返し、〝使える人間〟になろうとした。どんな質問をされてもすぐに嘘をつけるように、本当は働きたくないことが絶対にバレないように、何度も何度も本当の自分が死んでしまうまでそれを続けた。

これが、たしか5月くらいのことだった。初夏の陽気を感じたり、鮮やかな新緑を見たりするたびに、自分がこの世界から置いていかれているような気がした。自分だけがポツンと隔離され、それでもキラキラと回り続ける世界を遠くから眺めている感覚だった。世界の動きが僕にはあまりにも速すぎて、それが本当に怖かった。

この頃から、就職活動のことが頭から離れなくなり、何をしている時もずっと不安で不安で仕方なかった。考えるのを止めることができず、眠れなくなった。面接がうまくいかなかったらどうしよう、選考が進んでいる企業すべてに落ちてしまったらどうしよう、ここでレールから外れてしまったら僕の人生は終わりだ……。頭の中でそんなことがぐるぐる回り続けて、何も手につかなくなった。何も楽しめなくなっていた。5月の後半にある自分の誕生日は本当に最悪で、ひとりで家に閉じこもっていたのを覚えている。このタイミングで誕生日だなんて、どんな皮肉だよと思っていた。

そして6月を迎えた。

この時点で選考に残っている企業は片手で数えられるほどだった。面接前のグループディスカッションで落とされてしまったり、面接当日にどうしても会場に行きたくなくなってすっぽかしたりしてしまったからだ。

でも、もしかしたら6月の第1週目で内定が出るかもしれない。そうしたら大逆転で、普通のレールを走ることができる。これまでの不安はただの杞憂に終わる。そう自分に言い聞かせ、面接会場へ向かった。

真っ黒のスーツ、まっすぐに伸びた青色のネクタイ、短く切り揃えられた髪型。どこからどう見ても優秀な学生に見える、大丈夫、やれる、大丈夫。面接会場の近くにあるコンビニのトイレでそんなことを思いながら身だしなみを整えた。

面接会場に来ていた就活生たちは、みんな僕より大きく見えた。ネクタイまで自信に溢れて光っているようだった。でも、面接会場にいる就活生たちがみんな優秀そうに見えるというのは聞いたことがあった。だから、これは正常な心の動きなのだと思うよう努めた。周りを気にしないようにずっとノートを見ながら、質問への受け答えを暗記した。

まず、大きな声で自己紹介をする。そして、真っ先に志望理由を聞かれる。それには、カナダに留学したチャレンジ精神が御社で活かせると答える。そして、カナダでの経験を深掘りする質問がくる。アルバイトを探したり、不慣れな環境で人見知りを克服するために頑張ったと答える。自己PRは、強みと弱みが表裏一体となるように、心配性だからそれを克服するために常に計画的に行動していると言う。最後の質疑応答で、アニュアルレポートに書いてあった直近の取り組みに対して質問をする。そこまでの流れを何度も何度も反芻《はんすう》した。

しばらくすると、いくつかのグループに分かれて待合室へ呼ばれ、サポーターと呼ばれる、面接官とは別の社員の人を中心にして5人くらいで談笑する時間があったが、何を話したかはまったく覚えていない。その後、一人ひとり個室の前に呼ばれた。

個室からは、自己紹介をしている大きな声が聞こえた。僕はなぜか、小学生の時のことを思い出していた。玄関の大きな扉のガラスを割ってしまった次の日、絶対に怒られるとわかりながら、それでも学校に行かなきゃいけない。憂鬱で眠れなかった。本当に嫌で嫌で仕方ないけれど、でもどうしても逃げようがない、あの感じ。吐きそうだった。

前の人の面接が終わり、室内へと呼ばれた。「失礼します」と一礼してから入室した。ここまでは想定どおりだった。でも、ここまでだった。

足元にあった戸棚のようなところにぶつかり、大きな音が出た。そこで頭が真っ白になってしまい、覚えていたことがすべてとんでしまった。就活生を演じるためにあれだけ頑張って詰め込んだことが、すべて消えてしまった。

その後は、もう何を聞かれて何を話したかまったく覚えていない。

**「おまえは要らない」**

僕は就活生を演じることができなかった。たくさん練習したけれど、だめだった。帰り道、すれ違う人全員から「おまえは使えないよ、要らない」と言われている気がした。こうしてスーツを着て街を歩くことや、社員証を首から下げることは、僕には許されないのだと思った。

数日後、面接を受けた企業から不採用の連絡があった。

その日から、僕は布団から出られなくなった。

自分は大人になれない。レールから外れてしまったんだ。就職ができなければお金を稼ぐことはできない。そうしたら生きていくことはできない。これからどうやって生きていけばいいんだろう。もっと社交的で、明るくて、愛想のいい、ちゃんとした人になりたかった。いつからこんな人間になってしまったんだろう。

もっとちゃんとアルバイトをしておけば、もっといい大学に入っておけば、もっと部活を頑張っていれば、もっとカナダで頑張っておけば……。いつどこに戻れれば、自分はちゃんとした人になれたんだろう。

そんなふうに考えていると、結局生まれてこないのが一番楽だったのかもしれないと思うようになった。

生まれてこなければ、働く必要なんてないし、こんなふうに苦しむこともなかったんだ。

こんな人間が生まれてきたことがすべての間違いだった。なんで生まれてきてしまったんだろう。生まれてきたくなんてなかった。


僕はこうして死にたくなった。

## 生まれてこなければよかった

6月に入ってから、ずっと鬱々とした日々を送っていた。

当時、学生マンションの8階に住んでいて、そこから飛び降りる光景が頭から離れず、あと数メートルで死ねるんだ、もう少しで楽になるんだとずっと考えていた。そんな思考を止めるために市販の眠剤を飲み、目が覚めてしまったらまたすぐに眠剤を飲むという生活をしていた。病院に行こうとも思ったのだけれど、どこのどんな病院に行けばいいのかわからない上に、布団から出られない、日光に当たりたくないという状態だったので、ただただ寝ることで思考を止めることしかできなかった。

外が明るいことや、自分のいない世界がどんどん進んでいることが本当に怖くて、カーテンを閉め、カーテンレールに毛布を挟んで日光を遮り、それでも明るかったので、浴室やクローゼットの中に閉じこもっていた。
どうして生まれてきてしまったのか。ただ、そう思うことしかできなかった。

そんな折、母から電話があった。就職活動の現状を聞かれ、すべて落ちてしまったと言うと、「高校、大学と調子よくポンポンきたからつまずくならここらへんだと思っていた、ちょっと社会を舐めていたんじゃない?」と言われた。
僕は携帯電話を壁に投げつけ、衝動的にベランダに出て、飛び降りようとした。でも、怖くてできなかった。その日も眠剤を飲んで寝たのを覚えている。親に言われたことに腹が立ったとか、親にまで見放されたことが悲しかったとか、そういうわけではない。母から言われたことはすべてそのとおりだった。

僕は、高校でも大学でも勉強はそれなりにできるほうだった。高校は3年間学年トップクラスの成績だったし、大学でも4段階評価で3.2以上の成績だった。血のにじむような努力はしていなかったけれど、それなりの努力をして、それなりに報われてきた。だからこの就職活動でも、それなりに努力をすればそれなりに報われるし、自分は必要以上に心配してしまう性格だから、いろいろと悩みはするけれど、なんだかんだ言ってレールの上を進んでいけるのだと思っていた。これまでもそうだし、今回もまあそんなもんだろうみたいな、自分に対する甘えというか、なんというか、結局のところ母の言うとおりで、人生や社会を舐めていた。

他人の目を気にしてプライドだけは高く、そのくせに行動力もなければ継続力もなく、傷つきやすい。僕はそんな人間だった。なんとなく、そうやって自分は優秀で本当はできる人間なんだと思い上がっていたことも、現実には何者にもなれず、それどころか世間の普通というレールにも乗ることができなかったということも、考えると自分自身が恥ずかしくて悔しくて辛くて、どうしようもなくなってしまうと気づいていた。だから、なるべく考えないように避け続けていた。それを母から直接言われてしまったことで、自分が生きていることがどうしても耐えられなくなってしまった。

結局飛び降りることもできず、このままままたどうしようもなく苦しい日々が続いていくのかと思うと、本当に生まれてこなければよかったという気持ちが強くなり、それしか考えることができなくなった。

## 自分に一番期待していたのは……

それから数日間、まともに食事も摂らず、部屋を真っ暗にして、ひたすら眠剤を飲んでは寝る生活をしていると、友人から連絡があった。その友人は、高校生の時から仲が良く、共に東京の大学に進学していたこともあって、大学生の時も毎日のようにお互いの家に入り浸っていた。彼は僕がカナダに行っている間に長野での就職を決めたので、僕が就職活動を始めてバタバタしている時に引っ越してしまい、しばらく会っていなかった。

久しぶりに東京に行くから泊めてくれと言われた。高校生の時も大学生の時もずっと親しくしていた彼に、今この状況で会うのは、あまり気が進むことではなかった。だるいだるいと言いながらもちゃんと就職して働いている彼と、就職活動もまともにできていない僕。どんな顔をして会えばいいのかわからなかった。

恥ずかしい気持ちもあったけれど、それよりも自分が情けなくて、これ以上自分で自分を責めたら本当に命を絶ってしまうかもしれないと思った。ただ、こんな自分勝手な都合で親友と距離を置くことも僕にはできなかった。このまま臆病な自尊心とともに引きこもり続けたら、自分だけでなく親友まで傷つけてしまうことになる。それだけは絶対にしたくないと思った。

僕は、恐怖心や羞恥心を抱えながらも、彼の申し出を了承した。

数日後、友人が来ると、久しぶりにキャッチボールをしようと公園に連れ出してくれた。外に出ると、すれ違う人みんなが僕のことを白い目で見ているような、あの感覚にまた襲われた。でも、友人はそんなことを気にかける様子もなく、楽しそうに高校の時の話をしていた。就活がうまくいかず、社会に適応できなかった本当にだめな自分でも、こんなふうに分け隔てなく接してくれる人がいるのだと思うと、なんだか少し許されたような気持ちになった。

彼にとって、就活がどうのとか、社会がどうのとか、そういう僕の側面は取るに足らないことで、そういういろいろナシの僕をひとりの友人として見てくれているんだと思った。

7月のよく晴れた日で、公園は一面に緑の芝生が広がり、青空がすごく綺麗だった。久しぶりに深く息を吸えた感じがした。キャッチボールをしながら、他愛ない会話をしていると、自分の悩みがどうでもいいことのような気がしてきた。

就職活動がうまくいっていなくても、こうやって一緒に話して一緒に笑ってくれる友人がいて、僕はそれをすごく楽しいと思っている。就職活動がどうのなんてことは、今この瞬間が楽しいということとは無関係なんだ。就職活動でつまずいたとしても、十分に幸せを享受できていることに気づくと、自分が悩んでいることが馬鹿馬鹿しくさえ思えた。そんな彼との時間は、本当にずっと続いてほしいと思える時間だった。

家に帰って、スーパーのおつとめ品が並んだテーブルを挟んで近況を話し合った。彼は介護施設で働いていて、毎日大変だと言っていた。でも、話している様子はいつもと変わらずヘラヘラしていて、それを見ていると、自分は悩みに対して真面目すぎる、もっと適当でもいいんじゃないかと思えた。僕は、就職活動がうまくいっていなくて、人生真っ暗な感じがする、毎日死にたくて死にたくて眠剤を飲んでは寝てという生活をしていると話した。彼は「考えすぎじゃね？」と笑いながら言ったあと、「死なれたらけっこうつまらなくなるな〜。いろいろあるけどさ、まあどうにかなるっしょ」と言ってくれた。

僕はその言葉に本当に救われた。こんなにだめで、社会から要らない要らないと言い続けられた自分でも、誰かから見たら尊い存在なのかもしれないと思えた。

そして、自分に一番期待していたのは自分自身であるということにも気がついた。普通というレールに乗れない、まともにみんなのようにやっていくことがすごく難しい、それが自分なんだと思った。それでも、友人はいつものように楽しそうに笑って話してくれた。

## ネットで見つけた普通じゃない人

僕が辛いのは、結局、自分はできるかもしれないと思っていたからだ。期待の大きさと辛さは比例する。できるに違いないと思っていたことができなかったり、思い描いていたものと現実がかけ離れていたりすると、人は絶望して辛い気持ちになる。

僕は僕自身に絶望していたけれど、友人は僕に絶望なんてしていなかった。だめな僕でも会いに来てくれて、死なれたら困ると言ってくれる人がいる。だったら別にだめなままでもいいんじゃないか。それが自分なんだ。自分で自分自身を縛りつけて辛くなっているのは馬鹿馬鹿しい。今まで僕が普通と思ってきたものは、誰が決めたわけでもなくて、他ならぬ僕自身が勝手に普通だと思い込んで決めつけていたものなんだ。
それから僕は、自分に期待するのをやめて、だめな自分はだめな自分なりにやっていこうと思った。

その日からとりあえず就職活動はいったん置いておいて、外に出て自分の好きなことをしようと思った。

僕は本を読むのが好きだったので、以前から気になっていたphaさんの本を借りに図書館に行った。

phaさんは元「日本一有名なニート」として知られている人で、京都大学を卒業後、就職し数年間働くものの、どうしても社会に馴染むことができず、退職し、ギークハウスというインターネットやプログラミングに詳しい人たちが集まるシェアハウスを立ち上げ、Twitterやブログなどインターネットのゆるいつながりの中で極力働かずに生きているという人だ。カナダに留学している時に、YouTubeの動画でphaさんのことを知り、Twitterでフォローしていた。その動画を観た時から、phaさんたちのゆるくてのんびりとした生活にすごく憧れていて、いつか本を読んでみたいと思っていた。

最初に読んだのは『持たない幸福論』だった。その本の背表紙に書かれていた言葉を僕は今でも忘れない。

「自分の価値基準で幸せを決める」

この言葉ですごく心が軽くなった感じがした。

僕はそれまで、普通と言われる大きなレールしか知らず、そこから外れてしまったら絶対に幸せに生きていくことはできないのだと思っていた。でも、phaさんの本を読んで、その大きなレールの上を進むことが本当に自分にとって幸せなのか考え直してみた。

僕は働きたくないし、大きな家や高い車にも興味がない。豪華な食事は幸せだけれど、家で友達と食べるスーパーのおつとめ品のお惣菜もすごく幸せだ。お金をかけて買い物や遊園地に行くよりも、公園でキャッチボールをしたりボーっと散歩をしているほうがずっと楽しい。嫌な人たちと嫌なことをしてお金をもらうよりも、好きな人と好きなことをしていたい。僕は友人と過ごした、この瞬間が永遠に続けばいいのにと思ったあの時間の延長線上を生きていたいんだ、それが僕の価値基準で決めた幸せなのだと気づいた。


それから僕は、phaさんの本やブログを読みあさった。読めば読むほど凝り固まった思考が解きほぐされて、自由になっていく気がした。嫌なことはしなくていいし、それでも生きていける。社会に必要とされる人間になるために自分を変えなくてもいい。世の中にはたくさんのレールがあって、自分が幸せと思うものを自分で選んでいけばいい。そう考えると、視界が広がっていく感じがした。だめな自分を受け入れて、だめならだめなりに生きていけばいいんだと、勝手に自分を肯定されたような気持ちになった。

人間は、生まれた瞬間から老いていく。生まれたことがスタートだとすれば、死というゴールに向かっていくのが人生なんだ。生きるとは、同時に死んでいくことでもある。そんな死への一本道である人生の中で、今日も死なずに生きたということ、いつか迎える死という瞬間が今日でなかったということは、どれほど尊く、驚異的なことなのか。

僕は、鬱々しい日々のどん底にいた時、いい加減で適当だけれど、いつもどおり接してくれた友人の温かさと、社会にはたくさんのレールがあって、そのどれを選んだとしても生きていけるんだということを教えてくれたphaさんの本のおかげで、だめな自分を受け入れて、だめならだめなりに生きていけばいいし、今日も死なずに生きることができただけで１００点満点なんじゃないかと気づくことができた。

## 僕にニートは無理だった

気持ちはすごく楽になっていったけれど、そのぶん現実的な問題が浮き彫りになった。僕はニートにはなれない。

phaさんの本やブログを読んで、こんなふうに生きてみたいと思ったけれど、その気持ちが大きくなるにつれて僕にはできないという気持ちも大きくなった。憧れは僕を幸せから遠ざけていくようだった。

まず、働かずにどうやって生きていくんだ？　という問題があった。phaさんはもうネットで有名なので、そこから仕事をもらったり本を書いたり、Amazonの「ほしい物リスト」を公開してそこから食べ物をもらったりしている。それに比べて僕は一介の大学生だ。誰も仕事を振ってはくれないし、ほしい物リストを公開したところでどうなる。「ニート始めました」なんていってブログやTwitterを始めてみても、誰も興味を持ってくれないだろう。「就職できなかったのでニートします、最後まで恥をかかせてしまいすみませんでした」なんて言って家族と縁を切るのも難しい。

そもそもニートという肩書きは、けっこう精神的にしんどいものがある。本当に困った僕は、いろんなことを考えた。フリーターになる、地元の友達とシェアハウスを立ち上げる、海外を放浪してみる……どれもこれも僕にはできそうになかった。大学院に進むことも少し考えたけれど、これ以上、親にお金をかけさせてモラトリアムを延長するわけにはいかない。

あーだこーだと悩む日々が続いた。就職はしなくても生きていける、この世にはたくさんの生き方がある。ただ、自分がどんな生き方を選んだらいいのかわからない。自由に選べるというのはすごく怖いことだと思った。すべて自分で責任を取り、すべて自分に返ってくる。何も動き出すことができず、ただただ自由であることの重みを感じていた。

そんな折、僕はTwitterである人を見つけた。

〝えらいてんちょう〟だ。

Twitterでphaさんを見ていたら、たまたまおすすめユーザーに出てきたのだけれど、この人を見つけたことが僕の人生を大きく変えた。

えらいてんちょうは当時、東京の豊島区でバーやリサイクルショップ、学習塾などを経営していた。ツイートの内容は、宗教、貧困、政治、経済、経営などかなり多岐にわたっていた。僕は貧困と幸福についてのツイートにすごく興味を引かれた。

「金がないことが貧困なのではなくて、金がないならないなりにやる、ということができないのが貧困。金を得る方法を知っているのが知性ではなくて、金がなくても笑って過ごせるのが知性」

このツイートは今でも忘れられない。それから毎日、えらいてんちょうのTwitterやツイキャスというラジオの生配信のようなものをチェックするようになった。慶應大学出身で、複数店舗を経営しているんだから、お金持ちに違いない、そういうウケそうなことをツイートしてファンを増やしているんだという疑いのような気持ちも正直あった。でも、ツイートを見たり話を聞いたりしていると、この人はまったく裏表なんてないことがわかった。こんなふうにすれば成功して幸せになれるという、いわゆる情報商材のような胡散臭さがまったくなかった。年収は200万円くらいだけれど、こうやって毎日楽しく暮らしている、インターネットがあれば月に数千円の通信料で人とつながったり時間をつぶしたりできるのに、なんでそんなにお金が必要なのかわからない。という感じのことを繰り返し言っていた。

えらいてんちょうの何がすごいかというと、phaさんもそうなのだけれど、自分の考えを実践しているところだ。複数の店舗を経営しながら、それぞれで無理なく必要なぶんだけお金を稼ぎ、その収入で暮らしている。

ああいうことをしてみたい、将来はあんなふうになるのが理想と口にする人はたくさんいるけれど、それを本当に実行する人は少ない。考えていることを実際にやっていること、そして、その生活がすごく幸せであるという言葉には説得力があった。

実際にえらいてんちょうは、ツイキャスで年収と幸福度の関係について話していた。経済学に「限界効用逓減《ていげん》の法則」というのがあるらしい。シュークリームをひとつもらうと嬉しい。ふたつもらっても嬉しい。だけど、20個もらったら多すぎて、誰かにあげたりしてしまう。それが50個になると、嬉しいどころか困って捨ててしまったりする。つまりこれは、何かを得たり消費したりすることが増えれば増えるほど、それによって感じる幸福度は次第に下がっていくという法則らしい。

言われてみれば当たり前のことで、何もない時に何かをもらうのと、もうすでに持っている時にそれをもらうのだったら、前者のほうが嬉しいに決まっている。それは年収にも当てはめることができて、もちろん個人差はあるけれど、統計的には800万円からは幸福度は上がらないらしい。

えらいてんちょうは、「いや、300万円くらいあれば全然十分でしょ」と笑いながら言っていた。お金を稼ぐことや貯めること、それ自体が幸せという人は当然いると思うけれど、僕もそんなに要らないよなあと思った。というか、一般的には年収や貯金額は多ければ多いほど幸せというイメージがあるけれど、なんだ、そうじゃないんだと知ることができて、すごく気持ちが軽くなった。

このくらい稼げば十分に幸せで、これ以上稼いでもそんなに幸せじゃないということを自分の価値観で定めていいんだというのは、当たり前と言えば当たり前なのだけど、それを知ったことで僕はかなり楽になった。

「足るを知る」ということがすごく大事なんだと思った。

足りない足りないまだ欲しいと思っている人は、いつまで経っても満たされることがなく、いつまで経っても辛いままなんだと思う。

## 「店に住め！」

phaさんのニート生活は確かに憧れるけれど、でもあまりにも現実的ではなかった。えらいてんちょうの店舗を経営して無理なく自分のペースで働いて生活するというのは、確かに難しそうではあったけれど、ニートよりは現実的だと思った。大儲けしようと思わなければ、自分のペースでやりたいようにお金を稼いで生きていくことは、そんなに難しくないのかもしれない。えらいてんちょうを見ていると、なんだかそんなふうに思えてきた。そんなふうに思っている矢先、えらいてんちょうのブログである記事を見つけた。

「そのショボくれたアパートを引き払って店に住め！」

というタイトルだった。この記事を読んだことで今の僕があると言っても過言ではない。本当に衝撃的だったというか、それまでの常識を覆された感じだった。そして何より、すごく勇気づけられた。これならいける。できそうだ。そう思った。

記事には、少ない資金で起業し、限界までランニングコストを抑えて店舗を経営する方法が書かれていた。住居付き店舗で店に住みながら働けば、家賃を稼ぐ必要がないし、飲食店ならお店の余り物を食べたり、逆に自炊の余り物を売れば食費が節約できる。リサイクルショップなら、要らない服を持ってきて売れば、数百円稼げる。

店舗起業というと、ほとんどの人がものすごくお金のかかるものだと思い込んでいるけれど、実際はそんなこともない。ネットで少し探すだけで10万円以下で借りられる安い物件はたくさんある。そういう物件なら、敷金・礼金や保証金などの初期費用込みでも50万～60万円くらいで借りられるし、今住んでいるアパートの家賃と大して変わらないじゃないか。

何かを始めようとする時、それをするには大金がかかるから覚悟しろと言ってくる人が必ず現れるけど、そんなウソに騙されてはいけない。引っ越すくらいの軽い気持ちで店を始めて、生活の一部を商いにしていけば家賃くらいは稼げるようになる。

優秀な人材を揃えた大企業だって、事業が計画どおりに進むことなんてない。事業計画とか、新たに人を雇ってとか、内装を整えてとか、そんなことを考えているのは何もせず休んでいるのと同じだ。とにかくやってみろ。……と、こんな感じのことが書かれていた。

今考えれば少し極端だなあとも思うけれど、あの時の僕にはこれくらいがちょうどよかった。高校の物理で最大静止摩擦力というのを習った。ものを動かそうとする時、最初にかかる摩擦力が一番大きく、そこには大変な力が必要なのだけれど、動き始めてしまえば最初のような力をかけずに進めていくことができる。

あの頃の僕は、自由であることの重みで動けずにいた。それが、あのブログを読んで受けた衝撃で動き始めることができた。

## 自営業というレール

考えてみれば、自営業で生きていくのは僕には向いているのかもしれない。働くのが嫌だと思っていた理由のほとんどは、環境によるものだった。周りの人にずっと気を遣い続けるあの感じだとか、ちゃんとしていなきゃと思うのも環境に対して思うのであって、その環境を自分で構成し、そこで働く自営業なら、自分を殺し続けるあの感じもない。

えらいてんちょうは、Twitterやツイキャスで、夜寝るのが苦手、朝起きるのも苦手、満員電車は本当に嫌いだし、誰かに頭を下げるのは病的に嫌だと言っていた。普通に勤め人をしていたら、嫌なことばかりを毎日繰り返すことになる。「俺の人生、嫌なことばかり。なんなんだよ」となってしまいそうだ。

でも、えらいてんちょうは自営業で自分の働きやすい環境を自分でつくっている。夜寝られず、朝起きるのも苦手だから、学習塾やバーなど比較的日中動く必要がなく、夕方から夜に働く事業をしていて、すべての店舗を電車に乗る必要のない地元の豊島区に集中させている。そして、自営業は自分がトップなので、誰にも頭を下げる必要がない。えらいてんちょうが本当にそう考えて起業したのかはわからないけれど、そう考えるとすべて辻褄《つじつま》が合う。あの人が年収に関係なくすごく幸せそうなのは、嫌なことをしていないからだと思った。

どんなにお金がもらえたとしても、嫌なことはしたくない。逆に、嫌じゃないことや楽しいこと、やりたいと思えることだったら、お金が少ししかもらえなくても問題ないし、むしろやりたいことがやれた上に、お金がもらえたらラッキーという感じだ。

そう考えると、僕の場合、会社勤めは嫌なことばかりなので、嫌なことをした対価としてお金をもらうことになる。確かに、世の中のたいていの人は大なり小なり嫌なことを我慢しながら働いて、そのお金で生きている。ただ、僕はその我慢で手に入る安定した生活や、ブランド物の服を着ること、高い車に乗ることを幸せとは思わない。僕が僕の価値基準で定義した幸せは、会社に勤めるという我慢をしなくても手に入れることができる。そして、そんな自営業を自分が思っていたよりもずっと簡単に始められることを知った。

世の中に数限りなく存在するレールの中から、僕は自営業というレールを選んだ。

# 第2章

# 100万円ください

それからは、就職活動開始以来感じていた死にたさはなくなっていった。先のことを考えると確かに不安だったし、えらいてんちょうもphaさん同様いろんな人とのつながりがあったり、話を聞いているだけではっきりわかる頭の良さがあった。それに加えて、大学の友人たちはその頃にはもう内定をいくつももらっている状態で、自分はこんなことを考えていていいのだろうかとか、本当に自分に起業なんてできるのだろうかという気持ちもあった。

ただ、もう絶対に就活はしたくないという気持ちが強くあった。やりたくないことはやりたいことをやってからでいいと思った。それに、えらいてんちょうの言う「しょぼい起業」なら、失敗してもそんなに大きなダメージはない。まだ20代だし、ここで失敗したとしても笑い話になるくらいに思っていた。というか、そう思うことで、なんとかやっていこう、大丈夫だと、自分に言い聞かせていた。そうでもしないと、不安や焦りに押しつぶされてしまいそうだった。

とはいえ、目指すものが決まってしまえば、やるべきことは自ずとわかってくる。何をしたらいいかわからない、この先真っ暗だと思っていた時よりは、はるかにましになっていた。なんとなくぼんやりと存在していた不安が、具体的な悩みに変わっただけでも、精神的にはすごく楽になった。

## なんとなく喫茶店

まず、どんなお店をやりたいのか考えた。僕はよく自炊をしていて料理が好きだったので、なんとなく飲食がいいなあと思った。飲食の中でも一番ゆったりしていて楽そうだと思ったのが喫茶店だった。

それに、喫茶店は自由度が高い。ご飯が食べたい人はご飯を食べ、コーヒーを飲みたい人はコーヒーを飲んでいる、本が読みたい人は本を読んでいるし、ボーっとしたい人はボーっとしている。それぞれがなんとなくそこに集まり、好きなように時間を過ごす、放課後の部室のような自由度の高い空間が僕は大好きだった。コーヒーが好きとかケーキが作れるとかではまったくなかったけれど、なんとなくの理由で喫茶店を選んだ。

次に、物件取得のための初期費用を稼ぐ目的でアルバイトを始めた。物件は、ネットで少し検索するだけで安いものがたくさん見つかった。ただ、内装費を節約するために、すでにキッチンやカウンターなどの設備が整っている居抜き物件を探すのが少し大変だった。居抜き物件は「造作譲渡料」といって、残っている設備に対して対価を支払わなければいけないものが多く、それがあると一気に初期費用がかさんでしまう。飲食店の居抜きで造作譲渡料なし、さらに家賃も安いとなるとかなり数が絞られていった。それでも、駅からの距離や路面店かどうかを気にしなければ、あることはあるという感じだった。

開店初期費用のためのアルバイトは、普通に嫌だった。新宿にある喫茶店で始めたのだけれど、立地の良さから平日朝でもかなりの来客があった。バタバタと忙しく動くのも大変だったけれど、お客さんや店員に中年から初老くらいの男性が多く、機嫌の悪さをそのまま行動に示されるのが一番辛かった。まあこれも考えすぎとか気にしすぎと言われればそのとおりだし、嫌なら辞めればよかったのにと言われてもしようがないのだけれど、それでもアルバイトの人たちがいい人ばかりで、こんなに親切にしてもらったのに辞めるわけにはいかないと思って続けていた。

それに、良いこともあった。喫茶店でアルバイトをしていたことが、後の「しょぼい喫茶店」の運営にかなり役立っている。半年間くらいの勤務だったけれど、パスタはだいたいこのくらいの値段がいいとか、パフェはこんな感じで作っていたとか、そこで覚えたことを活かすことができた。

喫茶店でアルバイトをして良かったことはもうひとつある。僕は当時アルバイト先から歩いて通えるところに住んでいたので、朝8時から15時のモーニングのシフトに入ることが多かった。というか、モーニング担当と言っても過言ではないくらい入っていた。徒歩で通えると言っても7時50分くらいに店に着くには、7時には起きないといけなかった。7時に起きないといけないと思っていると、それがプレッシャーになるのかどんなに早く就寝しても寝つけないことが多かった。絶対に昼寝をしないように気をつけて、23時に布団に入っても3時や4時まで眠れない。あと数時間しか寝れないと思うと、焦りからもっと目が冴えてきてしまう。寝れない寝れないと思い続けているうちにカラスが鳴き始め、空が白んできた時の絶望感は言葉にできるものではなかった。2時間睡眠で出勤できればいいほうで、一睡もせずに出勤することも多くあった。フラフラしながら、なんとか15時までの勤務を終えて家に帰ると、ご飯を食べたりお風呂に入ったりするのが精一杯で、それだけで1日が終わってしまっていた。だから、6連勤とかは本当に最悪で、睡眠不足でひたすら働くための1週間になってしまっていた。

こんな生活の何が良かったのかというと、「勤め人は嫌だ、自分には絶対に無理だ」という気持ちをかなり強く再確認できたことだ。

7時に起きて8時に出社なんてことは、ざらにあることだと思う。実際、8時からのモーニングにも、スーツを着たお客さんがたくさんいた。それが当たり前のように5連勤あるのだ。仮に就職できたとしても、夏まで身体がもったかどうかわからない。なんというか、周りを気にしすぎて疲れるとかなら、気の持ちようだからどうにかなりそうな気もするけれど、決まった時間に起きること、そのために寝ることができないのは身体の機能的な問題なので、これは無理だとキッパリ諦めがついた。

アルバイトを始めたのが9月くらいだったから、当初はまだ就職もありかもしれないとうっすら思っていたけれど、アルバイトを続けるほどに諦めがついて、起業して自営業をするしかないという気持ちになった。これは自分にとっては良いことだった。

## 僕はハズレくじ

年末、実家に帰省すると、案の定、両親に進路のことを聞かれた。それまでうやむやにしてやり過ごしていたけれど、年が明ければすぐに卒業を迎えてしまう。たまに連絡を取っていたので両親が心配していることも知っていたし、いつかは言わないといけないこともわかっていた。

朝食を食べながら、恥ずかしいような申し訳ないような気持ちで「店やりたいんだよね」と俯《うつむ》きながら言った。母は何も言わず、父は「そうかあ、大変だぞ」と言った。思っていたような反応ではなかった。父は20年以上自営業をしており、その大変さを知っているため、僕が店をやりたいと言ったら必ず反対してくると思っていた。

予想よりやわらかい反応に可能性を感じ、喫茶店を開きたいこと、今そのためにアルバイトをして資金を貯めていることを話した。すると、父も少しずつ思っていることを話し始めた。自営業は始めるのも続けるのもお金がかかって大変だし、それなりの大学を出たんだから就職したほうがいいしまだまだ間に合う。近い将来、小学校で英語の授業が必修になれば英語教師の需要は増える。おまえはカナダに留学もしているんだから英語の教師になれ、それを目指すならまた大学に入り直してもいいし、その費用は面倒を見る、そうするのであれば全力で応援する。そんなことを言われた。

話の途中から、なんだか急に父の声が遠くなっていく感覚がして、父の声が宙に浮かんでいるように感じた。親に反対されたことが悲しかったとか、それが煙たいということはまったくなかった。親が思い描くレールに乗ることができなかった自分が情けなく、ただただ申し訳なかった。

自分は期待に応えられなかったんだ。お金と時間と愛情をこれでもかというほどつぎ込んでもらったのに、親の思い描いた人間に成長しなかった。僕はハズレくじなんだと思った。そう思うとすごく息苦しくて、この家にはいられないと思った。

僕は席を立ち、荷物をまとめて東京に戻ろうとした。玄関を出ると、父も外に出てきて引き止められた。「そうやってすぐに感情的になるな、俺はおまえのことを思って言っているんだ、とりあえず家に入れ」僕の腕をつかみながら父はそう言った。父が僕のことを心配してくれていることは痛いほどわかっていた。でも、父の期待しているような人間に僕はなれない。なりたかったし、なろうとしたけれど、どうしてもできなかった。申し訳ない、ごめんなさいという気持ちでいっぱいだった。これ以上、期待も希望も抱いてほしくなかった。

「もうやめてほしい」僕がそう言うと、父は落胆した様子で腕から手を離すと「もうやめてほしい」と僕の言葉を繰り返した。そして「わかった、おまえの好きにすればいい。どうせでかい借金抱えてヤクザに追われるのがオチだ。東京でもどこでも行っちまえ、もう帰ってくるな！」と大きな声で言った。怒りでつり上がった眉と、今にも涙がこぼれ落ちそうな父の目を、僕は忘れることができない。

父が言い終わると、僕は10キロ近く離れたバス停に向かって、雪の積もった田んぼだらけの道を歩き始めた。玄関から飛び出してきた母が、「気をつけてね！」と大きな声で叫んだ。

僕は振り返らず歩き続けた。

## 物件探し

それから数か月アルバイトをして、良さそうな物件も見つかった。ＪＲ高円寺駅から徒歩5分くらいの物件で、家賃は14万5800円だった。スナックのような内装で、カウンターが6席、壁側にソファ席があって、そこにテーブルが4つくらい置いてある感じだった。広さは10坪（34㎡）くらいだった。

家賃が少し高いかなあと思ったけれど、時給1000円のアルバイトを1日6時間・週3日やって、アルバイト終わりから店をやれば、ほぼ毎日開けられるし、それで月に10万円くらい稼げれば、まあなんとかなるんじゃないかと思っていた。居抜きの物件で、内装のソファが赤いベロア生地だったり、カウンターが微妙にさびれてアジのある渋い感じなのがすごく気に入ったのを覚えている。

物件の詳しい住所は書いていなかったけれど、高円寺や中野周辺に詳しい友達がいたので、写真を頼りに連れて行ってもらった。ビルの2階で、一番賑やかなところからは少し離れていたけれど、住宅街で周りに人気がない感じでもなかったので、まあここでいいかなあと思った。

それが確か2018年の1月初旬くらいだったと思う。そろそろ本格的に動いていかないとまずいと焦り始め、物件の仲介会社に連絡して、初期費用を教えてもらった。

そこでまた問題が起きた。僕は、えらいてんちょうのブログを読んで、初期費用は

50万〜60万円くらいだと思い、4月までに100万円を貯める予定でアルバイトをしていた。なのに、その物件の初期費用は100万円を軽々と超えていた。保証金が家賃の4か月分、礼金2か月分、前家賃1か月分、仲介手数料1か月分、保証会社1か月分で、合計約130万円。そこに設備費用もかかることを考えると少なくとも150万円は必要だった。

僕は当時、学生マンションに住んでいたので、3月末での退去が決まっていた。4月になっても貯金が初期費用に届かないと、家を借りることになる。そうなると、せっかく貯めていたお金が自宅の初期費用や引っ越し費用に削られてしまうし、その後の家賃も稼ぎ続ける必要があり、思うように店舗の初期費用を貯めることができない。4月から店が始められると思っていた僕はかなり落胆し、焦りや不安は大きくなっていった。

「え、どう計算しても100万円超えちゃうじゃん」とかなり絶望し、「えらいてんちょうが言ってたことと違うじゃん！　結局そう簡単に店舗なんて持てないんだ」と思った。あのブログが僕にとっての生命線だったというか、それを信じてすべてを計画していたので、「ぜんぶ終わった、どうせ僕には無理なんだ」という気持ちに押し潰されそうだった。

何日間かかなり落ち込んでいたのだけれど、いつまでもそんなふうにしてはいられなかった。なんとか卒業までに進路を決めておかないと、という気持ちが強かったからだ。追い込まれた僕は本当にあれこれ考えていた。クラウドファンディングで支援を募ることも考えた。ただ、仮に100人からお金をもらったとしたら、その100人から事業の様子をずっと監視されることになる。これはかなり息苦しくなるなあと思った。最悪失敗しても笑い話だろうと思っていたのに、これでは失敗が許されない状況になってしまう。というか、そもそも一介の大学生が「喫茶店をやりたいからお金をください」といきなり言ったところで、支援なんて募れるわけがないと思った。地元に帰ることや、フリーターになることも考えたけれど、どれもこれも結局就活を頑張っておけば良かったという後悔で、ますます辛くなってしまう感じがした。

これからどうしようかなあと思いながらTwitterを見ていると、ある人を見つけた。

〝カイリュー木村さん〟だ。

当時僕は主に大学や高校時代の友達をフォローしていた、いわゆるリアアカウントでえらいてんちょうのツイートを見ていた。そこでえらいてんちょうと頻繁にやりとりをしていたのがカイリュー木村さんだった。カイリュー木村さんのアカウントは、プロフィールもツイートも難しい言葉がたくさん並んでいてほとんど理解できなかったし、どこで何をしている人なのかもよくわからなかった。ザーッとをさかのぼっていると、あるツイートⒶが目に留まった。

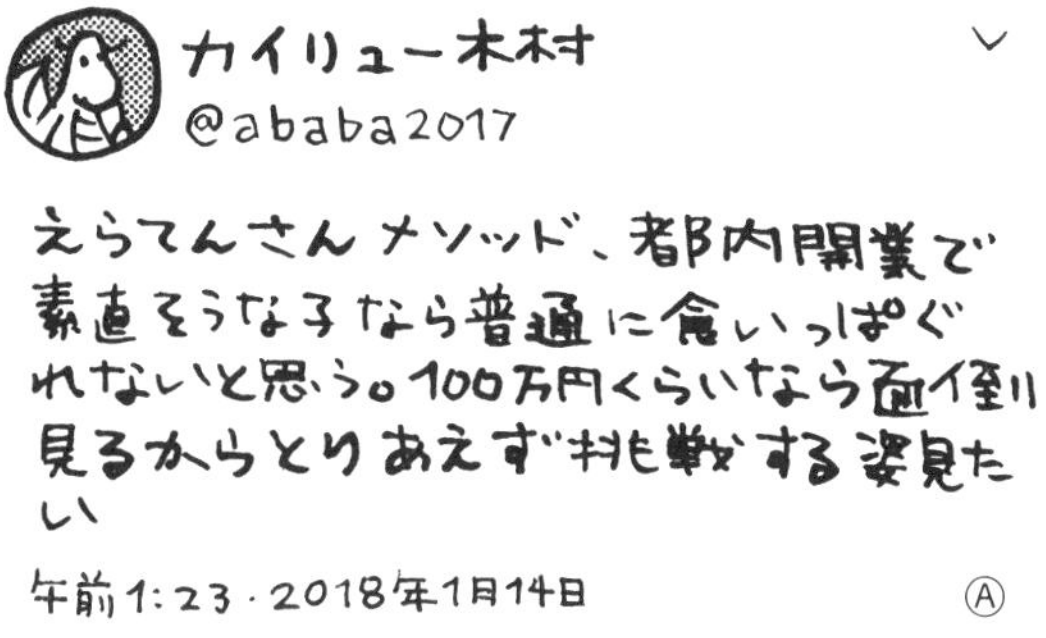
カイリュー木村
@ababa2017
えらてんさんメソッド、都内開業で素直そうな子なら普通に食いっぱぐれないと思う。100万円くらいなら面倒見るからとりあえず挑戦する姿見たい
午前1:23・2018年1月14日
Ⓐ

「もしかしたら、この人が初期費用の100万円を出してくれるかもしれない」

僕は直感でそう思った。この「えらてんさんメソッド」というのはしょぼい起業のことで、この人はこれからしょぼい起業をしたいと考えている若者を応援したいのだと思った。確認もしていないし、裏付けもなかったけれど、とにかくそれしかないと思った。

## 会ったこともない出資者

どうしたら出資してもらえるのか戦略を練った。いきなり「喫茶店を開きたいからお金をください」と言ってもだめだということはわかっていた。信用がないどころか、どんな人間かもわからない若者に出資したい人なんていない。とにかくまずは自分が何をしたくて、これまでどんなことをしてきたのか、経緯をわかりやすく提示する必要があると思った。そして、その上で自分からの申し出ではなく、えらいてんちょうの紹介であるという圧倒的な信用を得ることができれば、いけるかもしれないと思った。

これに関しては、えらいてんちょうがハンドルネームで頻繁にエゴサーチをしていると知っていたので、自分を知ってもらう材料を揃えて、「えらいてんちょう」というキーワードの入ったツイートをすれば、とりあえず認識してもらうことはできると思っていた。だからまずは、自分がどんな人間かを明らかにする材料を揃えることから始めた。

そこで僕は、Twitterアカウントを新しく作ったりブログを始めたりして、就活を通して思ったことや、その中で見えてきた自分のだめなところ、それでもなんとかやっていきたいということを発信していった。Twitterでフォローしたのはphaさんとえらいてんちょうとカイリュー木村さんくらいだった。このアカウントでは情報を得たいという気は特になくて、むしろ自分のことを伝えたいと思っていたのでそんなにたくさんの人はフォローしなかった。Twitterに関しては、それまで考えていたアイディアを一気に綴っていく感じでかなり更新頻度が高かったし、一度つぶやき始めると止まらないこともよくあった。逆にブログは、そういう断片的なアイディアをまとめて文章にしなければいけなかったのでけっこう大変だったけれど、それでも1日1記事は更新するようにしていた。

とはいえ、一介の大学生のTwitterやブログ記事なんて誰の目にも留まるわけがなく、フォロワーも増えないし、ブログを更新してもまったく読まれない期間がしばらく続いた。でも、「とりあえずこれでいい、大丈夫だから」と自分に言い聞かせながらひたすら更新を続けた。Twitterには、主にその時思ったことをツイートしてメモのように使っていた。ブログには、「誰かに気に入られようとして動くとすごく息苦しくなってしまい、その結果就活に失敗してしまった。夜しっかり寝て朝決まった時間に起きたり、満員電車に乗って決まった時間に決まった場所に行くのがすごく疲れてしまう。こんな自分は会社に勤めて働くことに向いていないんじゃないかと思う。だからと言ってフリーランスとしてバリバリやっていけるスキルも知名度もない。でも、いい車に乗ったり大きな家に住むとかいわゆる普通というレールの上にある幸せをどうしても享受したいわけでもない。生きていくのに必要なぶんだけお金があればいいので、自分のペースで無理なく働いていきたい。頭がいい人、行動力がある人、数奇な経歴がある人ばかりがインターネットで目立っていて、特筆する能力や経験もないのに会社に勤めることもできなさそうな自分はそんな人たちと比べたら中途半端でしょぼいけど、たいていの人はそんな感じだと思う。自分も含めたそんな人たちが少しでも楽に生きていける拠り所になるような場所をつくることで、しょぼくても楽しく生きていけることを知ってほしい」ということを書いていた。

「しょぼい喫茶店」という名前は、ブログを書いていて、人間誰しも誰かにとってしょぼい存在だけど、同時に他の誰かにとっては尊い存在なんだと思い、そこから名付けた。

アルバイトが嫌いですぐに疲れてしまう僕にとって、アルバイト終了後にブログを更新するのは大変だったけど、とにかくやるしかなかった。

そして、僕はある日思い切って、「えらいてんちょう」というキーワードを出してツイートをしてみた。するとすぐに、えらいてんちょうが僕の存在に気づいた。ずっとスマートフォンの画面越しに見ていたえらいてんちょうが、Twitterでフォローしてくれたのがすごく嬉しかった。

それから数日後、いつものように本当に喫茶店なんてできるのだろうかとか、それでもやるしかないんだとか、行方の見えない将来についていったりきたり考えながら、マンションの自室で怠惰な時間を過ごしていると、カイリュー木村さんが「仮想通貨で数

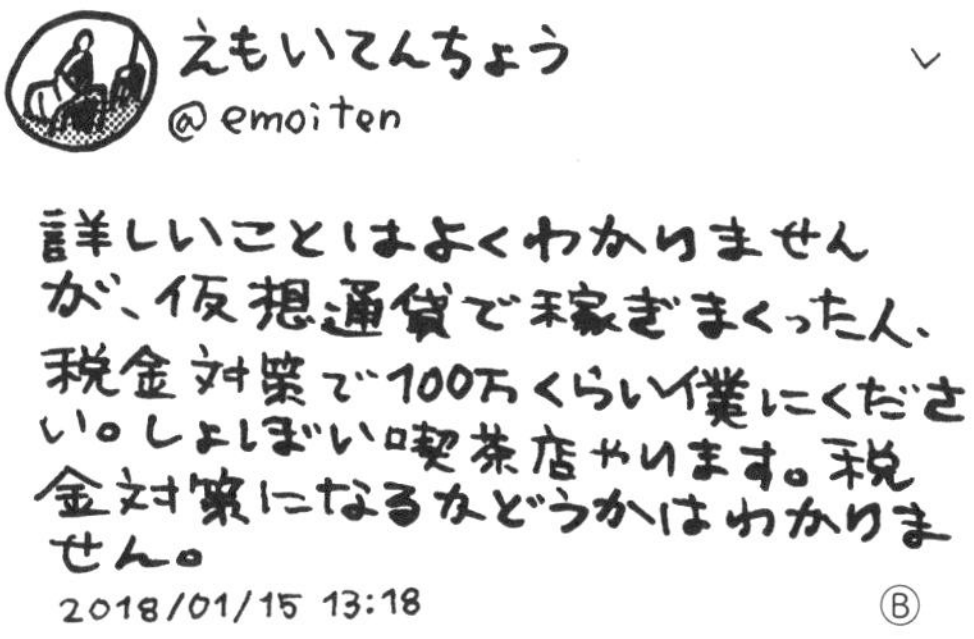
えもいてんちょう
@emoiten
詳しいことはよくわかりませんが、仮想通貨で稼ぎまくった人、税金対策で100万くらい僕にください。しょぼい喫茶店やります。税金対策になるかどうかはわかりません。
2018/01/15 13:18
Ⓑ

百万円稼いだ」というツイートをしているのを見つけた。これはもしかしたら最高のタイミングなのかもしれないと思い、こんなツイートⒷをした。なんだかふざけているなあと思うけれど、内心では「お願いします！」という感じだった。するとすぐにえらいてんちょうが反応してくれたⒸ。

まさか、自分が思っていたとおりの展開になるとは想像もしていなかった。えらいてんちょうがカイリュー木村さんと僕をつなげてくれたのだ。しかも出資の紹介で。インターネット、特にえらいてんちょうの周辺では、普通では考えられないようなことが当たり前に起こる。まったく面識のない若者に100万円の出資をするなんて普通は考え

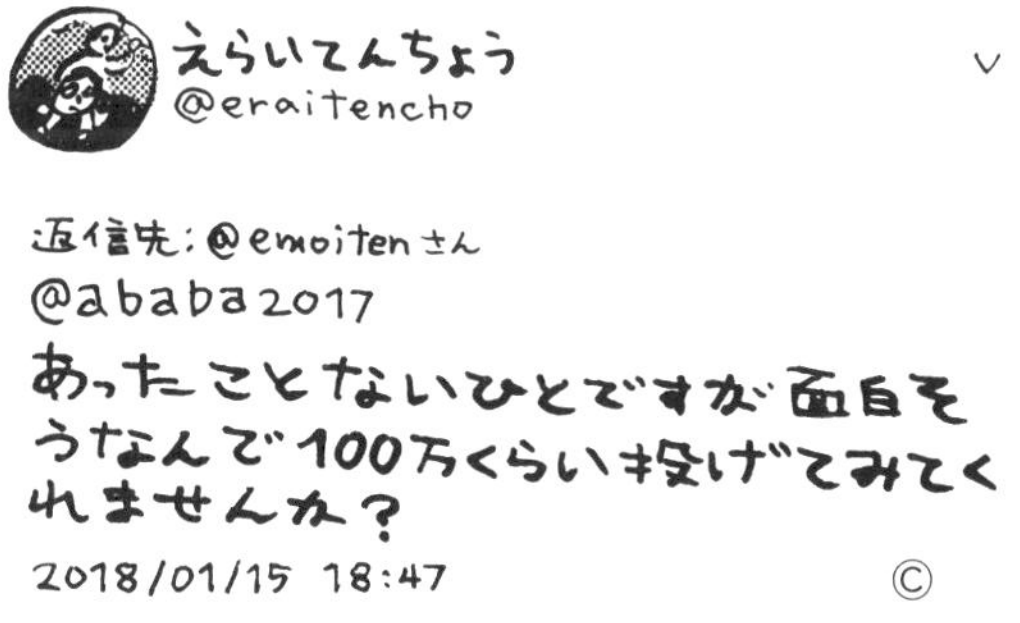
えらいてんちょう
@eraitencho
返信先：@emoitenさん
@ababa2017
あったことないひとですが面白そうなんで100万くらい投げてみてくれませんか？
2018/01/15 18:47
Ⓒ

られないけれど、でももしかしたらあるかもしれない。

高まる高揚感と、それを俯瞰《ふかん》して「いや、さすがにありえないだろ。ないない」と諦観している自分がおかしなバランスで共存していた。こんなふうにTwitterで呟いて開業資金がもらえるわけがない。でも、もしかしたら、もしかするかもしれない。さっきより少し進んだところで、またいったりきたりを繰り返していた。すると、カイリュー木村さんから返信があった Ⓓ。

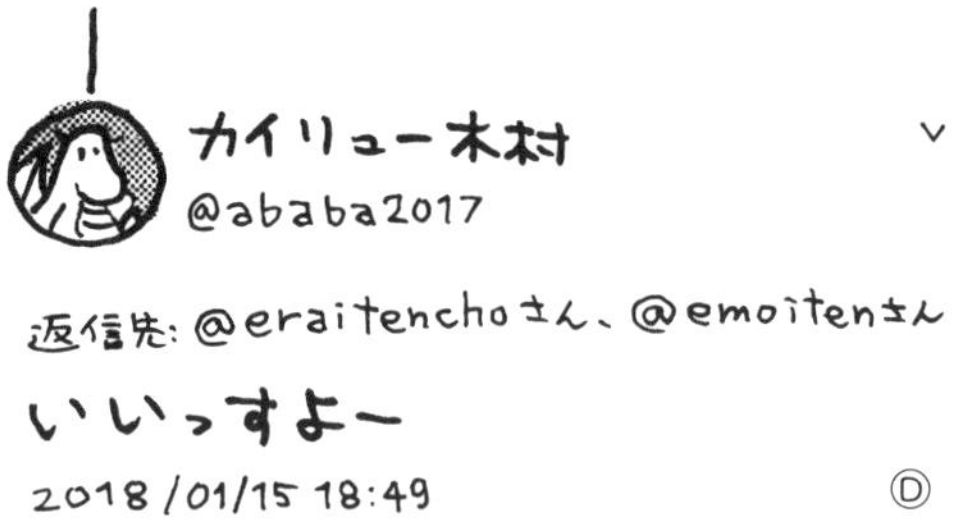

Ⓓ

斜に構えて諦観していた自分がみるみる小さくなっていった。ワクワクするというのは、こういうことなんだと思った。変な詐欺かもしれないとか、危ないかもしれないとか、そういうことは少しも頭をよぎらなかった。今考えれば少しは危機感を持ったほうがいいと思うけれど、そのときの僕は本当に追い込まれていて、それこそ藁にもすがる思いだった。このチャンスだけはふいにしてはいけないと強く思い、すぐに返信した Ⓔ。

## とにかく動き続けよう

こんな感じでとんでもない速度で話が進んでいき、出資の話し合いをするためにえらいてんちょうとカイリュー木村さんと会うことになった。初対面が100万円の出資の話し合いだなんて、どう考えても怪しいし事件に巻き込まれてもおかしくないけれど、その時の僕はだからなんなんだと思っていた。僕を騙したところで一体誰が得をするんだろう。就活に失敗して進路も決まらず2か月後に卒業を控えた一介の大学生を、何人もの大人が寄ってたかって陥れて何が楽しいのか。失うも

えもいてんちょう
@emoiten
返信先：@ababa2017さん、@eraitenchoさん
100万いつでもダッシュで受け取りに行きます。よろしくお願いします。
2018/01/15 19:12
ツイートアクティビティを表示
カイリュー木村
2018/01/15
返信先：@emoitenさん、@eraitenchoさん
了解です、一回お話伺いたいのでタイミング見て会いましょう。僕深夜なら基本毎日動けます。
1
Ⓔ

のがない人間が、何かを失うのを恐れるなんて、馬鹿げている。

さっきまで遠くからボーっと俯瞰していた自分は完全に消えていた。もちろんこの時点で出資が決定したわけではなかったけれど、周りに人が集まっている感じがして、どうにかやっていけるかもしれないと思い、嬉しかった。

そして僕はその日もブログを更新して、インターネットの向こう側にいる誰とも知らない人たちに大きな進歩があったということを報告した。すると、その誰とも知らない人たちから反応があった。ブログに初めてコメントがついたのだ。

そのコメントには「喫茶店の計画に強烈に惹かれた。私は東京で3年間看護師をしていたが、激務からうつ病になった。今は実家に帰って療養しており、自分もphaさんの本を読んで人とゆるくつながる場所をつくりたいと思ったけれど、なかなか難しくどうしようかと悩んでいる折、このブログを見つけた。どうにかして協力したいので、喫茶店で働かせてほしい」と書いてあった。

「Twitterもブログも自分の考えをただ壁に向かって投げているような感覚だったので、反応があったことにすごく驚いたし、その何倍も嬉しかった。この時、僕はまだTwitterやブログを始めてから1週間くらいで、フォロワーは20人もいなかった。もちろん喫茶店はひとりで運営していくつもりだったので、誰かが手伝ってくれるなんて思ってもいなかったし、その人がこんなに早く現れたのは本当に青天の霹靂《へきれき》だった。

それが、今ではしょぼい喫茶店になくてはならない存在であるおりんさんだった。僕はそれからすぐにTwitterでおりんさんと連絡を取った。働きたいと言っているのだから、東京でなくても関東圏には住んでいるのだと勝手に思っていたら、飛行機でなければ東京に来られないところに住んでいると聞いて、「どうやって通勤するつもりなんだ……」と思った。なんというか、Twitterを始めてブログを書いて、えらいてんちょうに認識されて出資の話が出てきて……と、それまでの流れがとんとん拍子すぎて、そこで働きたい人が近くに住んでいるなんて、そんなに人生甘くないよなあと、少し落胆したのを覚えている。

どうしたらいいんだろうと悩んでいる間に、出資の話し合いをする日が来てしまった。ここで僕はまた落胆することになる。僕たちが集まったのは横浜市の日吉にあるボードゲームバーだった。到着するとすでにえらいてんちょうとそのご友人の経営者が2人、そしてカイリュー木村さんが集まっていた。後から聞かされた話では、この時点で僕は集合時間に遅刻していたらしい。えらいてんちょうは「これはまずいなあ、謝れよ～」

と思っていたらしい。僕は明確な集合時間があったという自覚もなく、「あ、どうも……お疲れ様です」みたいな感じで店に入ってしまった。えらいてんちょうは、「これは、出資の話は流れてしまうかもなあ」と思っていたことを後で教えてくれた。今思うと本当に馬鹿だったなあと思う。

そんな感じで、良い空気とは到底言えない中で、就活に失敗して喫茶店を開きたいから出資してくれという大学生と、4人の経営者の話し合いが始まった。軽く自己紹介をした後に、就活のどのあたりが無理だったかとか、どんな喫茶店にしたいと計画しているのかとか、集客の見込みがあるのかとか、どのくらいの収益があると思っているのかなどが話し合われた。えらいてんちょうは、スマホをいじったり漫画を読みながら途中で少し話に入ってくるくらいで、ほとんどはご友人の経営者の2人が話している感じだった。カイリュー木村さんは聞き役に回っている印象だった。

僕はというと、利益率だとか利回りだとか思っていたよりかなり真面目な話になっていて、何を話しているのか半分も理解できなかった。ただ、なんとなく喫茶店を開業することには否定的で、まだまだどうとでも挽回できる年齢なんだから真面目に会社に勤めたほうがいいという流れで話が進んでいたことだけはわかった。借りようとしていた物件の詳細を見せた時、えらいてんちょうに「ないな」と2秒でバッサリ切られ、苦笑いを浮かべることしかできなかった。その後も難しい話がどんどん進んでいったけれど、正直僕はほとんど上の空で、「あぁ、結局無理だよなあ、そんなにうまくいくわけないよな、また就活始めるのかあ」と思っていた。あの頃の辛さがじりじりと蘇ってくるようだった。

するとえらいてんちょうが、読んでいた漫画を急にパタンと閉じ、「いや、そんな真面目に考えなくてもどうにかなるっしょ！　もっと適当で大丈夫！」と大きな声で言った。救われたと思った。その後、カイリュー木村さんが「僕は出すと言ったので出します。だけど、毎月の固定費は抑えたほうがいいから物件だけは探し直そう。大変な時は呼んでくれれば駆けつけるし、僕がカウンターに立ってもいい、とにかく今はわからないなりに動き続けよう」と言ってくれた。えらいてんちょうの発言から急展開すぎて、何がなんだか追いつけなかったけれど、「この人たちは本当に大きな人だ」と思ったのを覚えている。

そこから話は急激にまとまっていき、100万円の開業資金の出資は確定、喫茶店を始めるのはいいが物件はゼロから探し直すことになった。

お金だけ手に入れた状態でほぼすべて白紙からの再スタートとなった。出資が決まったことは素直に嬉しかったけれど、ほぼすべてやり直しというのは大変だと思った。でも、えらいてんちょうの「どうにかなるっしょ」という言葉とカイリュー木村さんの「とにかく動き続けよう」という言葉が、蘇ってきそうだった就活の時の気持ちを摘み取ってくれた。

「どうにかなる、とにかく動き続けよう」、そう思いながら家に帰った。

## 10万円以下の居抜き物件

次の日から喫茶店でモーニングのアルバイトをしたあと物件探しに行き、家に帰ってTwitterやブログの更新をする日々が始まった。物件は、サブカルチャーが根付いていて、少し変なことをしても受け入れてもらえそうという理由で中野高円寺エリアを見ていて、その中でもえらいてんちょうの拠点である豊島区から近いところを探していた。広さや視認性の高さはいったん置いておいて、とにかく家賃が10万円以下の居抜き物件を探そうと思った。酷評された高円寺の物件を一緒に見に行ってくれた友人に頼んで、物件探しに付き合ってもらった。僕は当時、新宿にある学生マンションに住んでいたので、中野高円寺エリアはあまり詳しくなかった。その友人は中野区出身で、人通りや物件の相場などについてかなり詳しく教えてもらった。都内はどこでもそうだと思うけれど、やはりターミナル駅となるJRの中野駅や高円寺駅の付近はかなり家賃が高く、飲食店の居抜きで家賃10万円以下の物件なんてひとつも見つからなかった。西武新宿線沿いならJR線沿いよりかなり家賃が安くなると友人に教えてもらい、西武新宿線沿いを探してみることにした。すると、JR線沿いではひとつも見つからなかった、条件に合う物件がいくつも出てきた。

その中でも、一番安かった物件は西武新宿線の新井薬師前駅から徒歩5分、JR中野駅からは徒歩12分で、広さは4.7坪。ビルの2階に入っていた居酒屋の居抜きで、家賃は管理費や消費税なども込みで7万5000円くらいだった。視認性も広さもないけれど、とにかく家賃の安い飲食店の居抜きという条件にはぴったり当てはまっていた。若干狭いなあとは思ったけれど、良い物件は結局家賃が高いし、高望みをして探し直していたら時間だけが過ぎてしまって、条件に合った物件が誰かに借りられてしまうかもしれない。だったら、これが縁だと思ってここに決めてしまおうと思い、すぐに物件を管理している不動産会社に連絡を取って、内見の予約を入れた。内見の予約を申し込むと、先に1件予約が入っていて、内見をしても先に申し込んだ人を優先するので、借りられない可能性があると連絡が来た。これにはかなり焦った。僕が何をどう頑張っても、借りられない時は借りられないという焦りは精神的にかなり辛かった。とりあえず直近で内見の予約を入れたのだけれど、それでもどうしようどうしようという気持ちは変わらなかった。また物件を探して次の候補を見つけたほうがいいのか、それともこのまま待っていればいいのか、どうすればいいんだ……と思いながらTwitterを開くと、「何だこれ？」という事態が起こっていた。

「しょぼい喫茶店で働きたい人」というアカウントができていたのだ。嬉しかったけど、一体誰なんだ？　という気持ちがかなり大きかった。また新たに働きたい人が出てきたのか？　と思ったら、なんとおりんさんがこのアカウントを作ったという連絡が来た。

それまで彼女とはプライベートのアカウントでやりとりをしていたため、そのアカウントではしょぼい喫茶店のことはほとんどツイートしていなかった。実家に住んでいるので物件探しに協力することもできないし、カイリュー木村さんのような大きな資金協力もできないが、何か協力できることはないかと思い、このアカウントを作ってくれたという。このアカウントが今のおりんさんのアカウントになっている。

彼女は自分が作ったケーキやサンドイッチの写真を「こんな料理をしょぼい喫茶店で出したい」とツイートしたり、ブログを書いて、自分のこれまでの経歴や今後どうして

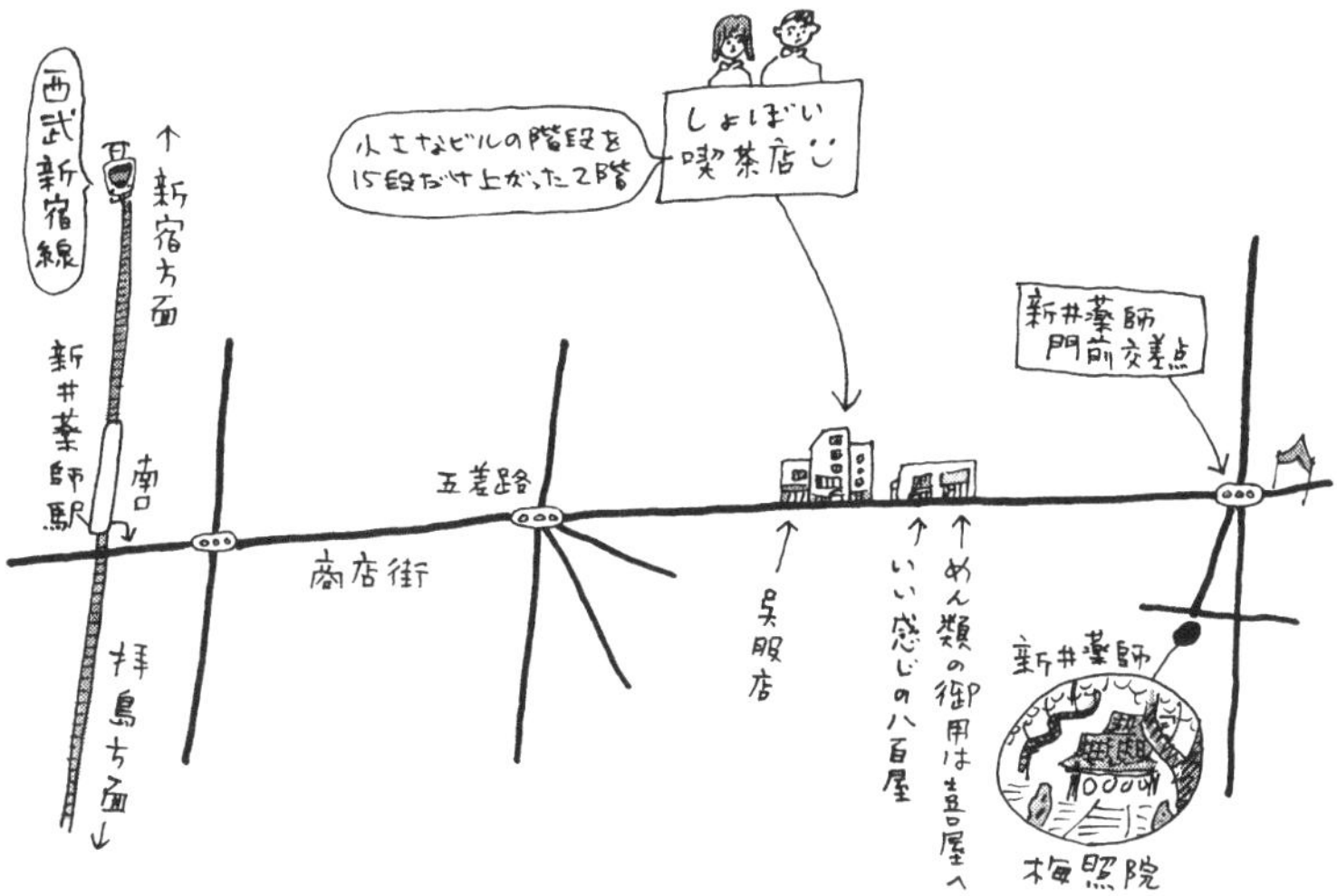


いきたいのかということを発信してくれたりした。ひとりでやっているんじゃないと思うとすごく心強かった。えらいてんちょうやカイリュー木村さんも彼女のアカウントをすぐに発見して、ブログや写真の拡散に協力してくれた。僕のフォロワーも少しずつだけど増え始めて、なんとなく盛り上がっている雰囲気が漂っていた。どうにかなる、どうにかするぞ！　と強く思った。

数日後、物件の内見に行った。西武新宿線はその時に初めて使ったし、もちろん新井薬師前駅で降りるのも初めてだった。駅から続く商店街は少しさびれていて東京のしかも23区内にあるとは思えない懐かしい感じがした。商店街を5分くらい歩くと物件の入っているビルに着いた。不動産会社と一緒に2階に上がると、3つのテナントがあり、ひとつはスナック、ひとつは料理教室として使われていた。少し暗くて、入口はマンションの部屋についているような扉だったので、あんまり店っぽくはないなあと思った。

一番奥にあったのが内見予定の物件だった。

中に入ると、フローリングの床がまず目についた。これもなんだか店というより住居のような感じで、土足でいいのか？　と思ってしまうほどだった。人がふたり通れるかどうかくらいの通路が3メートル弱くらいあって、そこを抜けると右側にキッチンやカウンターが広がっていた。バランスの悪いL字型という感じだった。カウンターのみの7席で、全体的に綺麗で窓も大きく、日当たりも良さそうだった。キッチンの中にはシンク、作業台、食器や調理器具の収納棚やコンロを置く台などが備え付けてあり、什器《じゅうき》さえあればすぐにでも店を始められそうだった。客席の椅子はカウンターに合わせて少し高めになっていて、ところどころ少し破れた黒い革素材だった。カウンターの上部には棚があって、居酒屋の時はここに酒瓶を置いていたんだろうなあと思った。

狭くて、お世辞にも新しいともお洒落とも言えない内装だけれど、明るくてこぢんま

りとしていて、「しょぼいけどなんとかやっていこう」という印象だった。直感でここに決めたとか、ビビッときたとかではなかったけれど、とりあえず大きな問題はなさそうだしここでいいかと思い、その場で契約申込書類を何枚かもらった。

その後、不動産会社に連絡を取り、初期費用を教えてもらった。礼金が家賃の3か月分、敷金はなし、保証金が3か月分、仲介料1か月分、保証料や保険が10万円くらい、日割りの家賃や管理費を加えて、約72万円だった。

出資金とアルバイトで稼いだ貯金があれば初期費用を払って備品を揃えても50万円以上は残りそうだった。50万円というのが物件の管理会社にどう審査されるのかは分からなかったけれど、とりあえず店を始められる予算があることは間違いなかったので、ここに決めようと思った。その旨を不動産会社に連絡し契約申込書類の提出期限などを聞くと、その返信で先に申し込んでいた人がキャンセルになったことを伝えられた。探していた条件に当てはまり、しかも一番手で応募できる。僕は迷わずこの物件を選んだ。

これが確か1月の最終週のことだった。物件探しの様子や日々思ったことをTwitterやブログで更新していると、おりんさんからTwitterでメッセージが来た。「山奥にいてもどうしようもないことに気づいたので、2月の2週目から10日間くらい東京に行こうと思う。時間が合えば会って話したい」という内容だった。その時、おりんさんもTwitterやブログを更新していたのだけれど、それだけではどうにも協力しきれない感じがしたことや、うつ病で辛い日々をどうにかするには自分から動いて環境を変えていくしかないと思ったことが彼女を動かしたという。Twitterアカウントを作って2週間くらい、まだ会ったこともない人間に自分から面接を申し込んだ行動力は本当にすごい。

ちょうどこの頃、僕のTwitter上のハンドルネームが〝えもいてんちょう〟になった。それまで僕は、特に何も考えずカニの絵文字を3つ並べてそれをハンドルネームにしていて、Twitter上では蟹くんとか蟹氏とか呼ばれていた。出資が決まり、おりんさんが登場し、しょぼい喫茶店が少しずつ盛り上がっている雰囲気があり、エゴサーチをしたいのにその頃のハンドルネームではできない状態だった。

そのことを呟《つぶや》くと、えらいてんちょうが「えもいてんちょうにすれば？」と返信をくれた。「えもい」というのは、エモーショナル（感傷的）な気持ちになるという意味で、主に若者が使う言葉だ。なんとなく語感もいいし、えらいてんちょうにも似ているし、まあいいやと、ハンドルネームをえもいてんちょうに改名した。

## 2度目の帰省

物件とおりんさんの上京が決まると、残るのは物件契約のために親に保証人になってもらうことと、店を始めるための保健所と消防署の営業許可、食品衛生責任者の資格取得だった。物件の保証人のことは知っていたけれど、営業に関する許可や資格のことはなんとなくという程度だったので、慌ててネットで調べた。その時は本当にこれだけで大丈夫なのかとかなり不安だった。

とりあえずまずは、物件の保証人になってもらうために親を説得する必要があり、実家に帰った。年末年始の帰省で、就職がまだ決まっていないことや4月から喫茶店を始めたいことを父に話したら、めちゃくちゃ怒られて大喧嘩となったので、正直この帰省はかなり怖かった。あの時はうやむやにしたまま東京に戻ってきてしまったので、いきなり帰ってきて店を借りるから保証人になってくれと言ったら、また喧嘩になってしまうと思っていた。

とりあえずまずは母を味方にしようと思い、お店の進捗や、Twitterやブログで少しずつだが支持が集まっていることを説明した。この段階では、まだ100万円の出資の話はしていなかった。どう考えても怪しいし危ないし、今すぐ返してこいと言われるのが目に見えていたからだ。母は、不承不承という感じではあったけれど、留学の時にかかった費用と同じくらいだし、借金さえしなければ潰れてしまってもそんなにダメージはないからと説得すると言って、なんとか了承してくれた。翌日、父と母と3人で話し合った。父の顔が見れず、食卓の木目の平行線をずっと眺めていた。母に促されてようやく物件の詳細が書かれた紙を差し出した。

父は意外な反応をした。「おお、やってみろ、やってみろ」。前回の帰省で話した時とは正反対の言葉に驚いたけど、きっと母が前日に説得しておいてくれたのだろうと思った。その後、Twitterやブログで徐々に支持が集まっていることや、とりあえず開業資金はあるから借金はしなくて済むということ、ダメそうならすぐにやめるということを説明した。出資の話はこの日もしなかった。父は、無理に拡大していこうとせず人に好かれる店にしていくこと、そのためにはとにかく一生懸命真面目にやることが大事だと言った。

自分で自分の生き方を決めるというのは、親からすれば確かに自分勝手な行動で、申し訳ない気持ちはあったけれど、それを両親が認めてくれて背中を押してくれたことがすごく嬉しかった。すべてを100パーセント理解することはできないけれど、頑張ろうとしているのであれば応援するからやってこいと言われているような気がした。

東京に戻るためバス停に向かう車中、母がおもむろに口を開いた。「今からやろうとしていることは確かに不安定で心配だけど、それでも就活をしている時より何倍もイキイキと楽しそうにしている息子が見れて嬉しい。頑張ってこいよ！」。何か話したら泣いてしまいそうで、窓の外を見ながら頷くことしかできなかった。

東京に戻り、父が保証人になってくれたことをTwitterで報告すると、えらいてんちょうが「じゃあ、3月1日くらいにオープンできそうですね。エデン（えらいてんちょうが当時経営していたバー）でプレオープンイベントをやりませんか？」というリプライをくれた。物件の審査が通るのか、営業許可申請や資格取得が間に合うのか、備品を揃えられるのか、今考えればいろいろと問題はあったのだけれど、僕は「はい、できます！　やります！」と何も考えずに返信をしてしまった。

エデンでのプレオープンイベントについてはおりんさんに会った時に話し合えばいいとして、資格取得や営業許可申請を猛スピードで進めていかなければいけなかった。物件に関しては書類をファックスで送り、審査の結果を待つことしかできなかった。

食品衛生責任者の資格に関しては、調べると決まった場所で1日講習を受けるだけで取得できることがわかった。ただ、この時点で2月に都内の会場で行われる講習はすべて定員に達していて、予約を入れることができなかった。東京で店を開く場合、東京都内で講習を受けなければならないと思っていた僕は、なんでもっと早く予約しなかったのかという後悔と、3月1日にオープンなんて絶対に無理だという焦りがあっという間に大きくなった。どうしようかと悩みながら調べていくと、都内の会場である必要はなく、全国どこでも大丈夫だということがわかった。そこで、一番近くて定員に空きがあった埼玉県の会場に予約を入れた。

ネットで予約ができればよかったのだけれど、なぜか往復葉書のみの受付で、夜中のコンビニを何軒も回って往復葉書を探したのを覚えている。本当に面倒だったなあ。

## プレオープンイベント

数日後、おりんさんが東京に来た。ＪＲ新宿駅で待ち合わせて、ファミレスに行った。喫茶店で何をしたいのかとか、プレオープンイベントではどんなものをいくらで売るのかとかを話し合った。Twitterやブログで、社会に適応できないと書いていたので、どんな感じの人なのかと思っていたら、めちゃくちゃちゃんとした人で、僕より店のことを真面目に考えていると思った。

その時はまだ、僕もおりんさんも喫茶店だけで生計を立てられるとは考えていなかったので、アルバイトや派遣に入ることも話題に上がった。おりんさんは看護師の資格を活かして派遣に入ると言っていた。その時の顔がどうにも辛そうだったので、「嫌なことはやめましょう」と言った。するとパッと顔が明るくなった。

住む場所や給料など、お互いに不安は大きかったけれど、それでも「どうにかなる、なんとかやっていこう」と思えた。あの時、ふたりで不安をぶつけ合って将来に絶望することもできたけれど、僕とおりんさんは終始前向きに話し合った。

それから3日後、プレオープンイベントがあった。メニューは、コーヒー、紅茶、キーマカレーとチーズケーキだった。本当に人が来てくれるのか、売上げが出るのか、おりんさんと何度も怖い怖いと言い合いながらエデンに向かった。僕は本当に誰も来ないんじゃないかと思っていたので、何人か友達に声をかけていたほどだった。

午前11時に開店すると、開店した直後、11時2分からお客さんが2名来てくれた。本当に人が来てくれるんだとすごく安心した。そこからみるみる満席になり、僕とおりんさんは大忙しだった。そんなに来客があるとはまったく予想していなかったので、用意していたチーズケーキとキーマカレーはすぐに完売した。閉店になる16時までお客さんが途切れることはなく、売上げは当時のエデンの昼営業史上1位だった。帰りの駅に向かっている途中、疲れ果ててしまって、ふたりともほとんど何も話さずに帰った。

家に帰り、ふっと力が抜けるといろんな気持ちがこみ上げてきた。人が来てくれた、自分たちのために、自分たちに会いに、時間を割き、お金を払ってくれた。そのことが本当に嬉しかった。心の底から「生きててよかった」と思った。本当に辛くて苦しかったけれど、死なずに生きて、今日この感動を味わえてよかったと思った。

ここから飛び降りようと何度も泣いた部屋で、僕はまた泣いた。

数日後、アルバイトが終わると不動産会社から着信があった。折り返してみると、物件の審査が通ったとのことだった。嬉しくてアルバイトの疲れが吹き飛んだ。すぐに日程を確認し、契約の日を決めた。契約は物件に関する説明がほとんどで、すごく眠かったのと、住所と氏名を何度も書いて何度も印鑑を押して疲れ果てたのをよく覚えている。初期費用の72万円はその場で現金で払った。本当にいろいろな思いの詰まった72万円が、ふたつの小さな鍵になって僕に渡された。

すぐにおりんさんに連絡を取り、鍵を開けてふたりで店の中に入った。おりんさんが店内を見たのはその時が初めてで、すごく明るい顔で「すごい！　絶対いいお店になりますよ！」と言っていた。僕もそう思った。狭い店内をぐるぐると隅々まで見て回り、最後に手を合わせてふたりで成功を祈った。

## 開店準備ラストスパート

おりんさんが実家に帰った後、僕はひとりで開店準備に追われた。開店まであと10日ほど。なんで2月は28日までしかないんだよ！　と、あれほど思ったことはなかった。

保健所の飲食店営業許可を取るために、必要書類を作成した。店内の詳細図を描き、床や壁の材質や設備が揃っているかなどのチェック項目を一つひとつ確認した。わからないところがいくつかあったけれど、空欄のまま保健所に持っていくと、優しく教えてくれた。居抜き店舗で、もともと審査が通るように造られていたので、スムーズに進めることができた。その後、立入検査の予約を申し込んだ。本来なら、この時点で食品衛生責任者の資格が必要なのだけれど、立入検査前に取得する予定であると告げると、その時に証明書を見せれば大丈夫ということを伝えられた。何日か後に食品衛生責任者の講習会があった。1日中座っているだけで、逆に疲れてしまったけれど、とりあえず無事取得できて安心した。

数日後、実家から大量の荷物が届いた。開けてみると、コーヒーメーカーや新品のカップやグラス、皿やタオルなどが入っていた。

母に電話すると「家にあるけど使わないからあげる」と言われた。そして、明日東京に行くから店の様子を見にいくと伝えられた。翌日、JR中野駅で母と待ち合わせ、ホームセンターで包丁やまな板など必要なものを買い揃え、店に向かった。

「お、けっこういい感じじゃん」

店に入るとすぐに母はそう言った。コーヒーメーカーの使い方を教えてもらい、初めてコーヒーを淹《い》れた。母とカウンターに並んでふたりでコーヒーを飲んだ。両親とは短い間に本当にいろんなことがあった。恨んだこともあったし、憎いと思うこともあった。申し訳ない気持ちも情けない気持ちもあった。でも、そんな感情のすべてを1杯のコーヒーが流していってくれるようだった。コーヒーを飲み終わった空のカップは、いつまでも温かかった。

別れ際、母はあの時のように「頑張れよ！」と言って僕の肩を叩いた。「頑張るわ」そう言って母を見送った。

保健所の立入検査を数日後に控え、大急

ぎで備品の設置をした。冷蔵庫は、知り合いのリサイクルショップから軽トラを借りて、これまで使っていたものを運び込んだ。おりんさんがAmazonのほしい物リストをつくって、Twitterに公開してくれたことで、店内にはほしい物リストから届いた荷物が山積みになっていた。phaさんのようになんてなれるわけがないと思っていた自分に、ほしい物リストから荷物が届いた時は、本当に驚いたし嬉しかった。支えられていると思った。そう思うと、絶対に3月1日のオープンに間に合わせようという気持ちが大きくなった。

さらに、えらいてんちょうに促され、polcaという小規模クラウドファンディングを開設した。1円も集まらなかったら悲しいなあと思っていたのだけれど、あっという間に支援が集まり、最終的には4万円以上の支援をいただいた。それを使って、IHコンロやオーブンレンジ、電子ケトルなどを購入した。

ひととおりの設置や整理を終え、立入検査の日を迎えた。万全の準備はしていたけれど、何か突っ込まれたらどうしようと思いながらビクビクしていた。でも、これも居抜き店舗だったことが幸いし、5分くらいさっと見回しただけですぐに終わってしまった。なんだかあっけない感じがするくらいだった。保健所の飲食店営業許可が出ると、残すは消防署の営業許可だけだった。消防署の営業許可は必要な書類がたくさんあり、しかもビル全体の断面図や設計図まで持ってこいと書いてあった。オープン直前で大きな壁にぶつかったと思った。提出しようにも書類が作成できない。どうしようどうしようと悩んでいることをTwitterで呟くと、「私が電話でアポを取っておくからとりあえず消防署に行ってみれば？」とおりんさんから連絡が来た。本当に助かった。空欄だらけの書類を持ってすぐに消防署に向かった。あれこれ聞かれたけど、ほとんど「わかりません、すみません」と答えるしかなかった。正直に謝ると消防署の方はすごく優しくて、一つひとつ一緒に記入してくれた。そしてこれも居抜き店舗だったことで、その場で営業許可をもらうことができた。これが2月27日のことだった。翌日、オープンに合わせて再び上京して来てくれたおりんさんと店に向かった。キッチンに備品が揃い、棚にずらっとコーヒーカップが並んだ店内を見て、おりんさんはすごく嬉しそうにしていた。「お店じゃん！」「そうだよ！」と言い合った。それからふたりで足りないものを買い出しに行き、仕込みをした。準備は終電近くまで続いた。本当に明日オープンできるのかというほど、ヘトヘトに疲れていた。不安と心配と楽しみと疲労で、なんだか夢を見ているような感覚だった。

第3章

# しょぼい喫茶店の誕生

２０１８年３月１日午前11時、しょぼい喫茶店がオープンした。

この日は確か木曜日で、平日の昼間にどのくらい人が来てくれるんだろうなどと普段の僕なら考えてしまいそうなところ、この日はまったくそんなことを考えなかった。というか、考えている暇がなかった。

11時に開店した途端、近くでシェアハウスをしている大学生がTwitterを見たと言って５人で来てくれた。

メニューはプレオープンイベントの時と同じで、キーマカレー７００円とチーズケーキ４００円、コーヒーと紅茶が５００円。ほぼ全員がキーマカレーとコーヒーのセットを注文してくれた。自分のお店で自分の作ったものをお客さんがお金を払って食べてくれるのは、もちろん嬉しかったし感動もしたのだけれど、忙しくてびっくりしたことが一番強く印象に残っている。

カウンターの中では、お客さんに向かって右側が僕で左側がおりんさんという立ち位

置だった。僕の右側には鍋とフライパンの乗ったＩＨコンロがあり、その側にひとり暮らし用の小さな冷蔵庫があった。おりんさんの後ろにグラスや皿の入った棚があり、その下には調理器具をしまう戸棚があった。戸棚の上にはコーヒーメーカーを置いていた。作業台と二層のシンクは僕とおりんさんの前にあった。

マニュアルなんてもちろんないし、そうしようと決めていたわけでもないけれど、しょぼい喫茶店には伝票がなく代金を忘れてしまいそうだったので、おりんさんが注文を取って前払いで料金をもらい、僕は支払いに合わせてお釣りを用意したりグラスやカップの準備をした。注文と支払いが終わると、キーマカレーの場合は僕がフードの準備をして、おりんさんはドリンクを注いで提供するというのが、オープン初日から定番の動きになった。チーズケーキが注文された時は、僕がドリンクの提供と皿の準備、おりんさんがチーズケーキの盛り付けと提供を担当した。

おりんさんは手が荒れやすいので、皿洗いは基本的に僕が担当していた。アイスコーヒーやアイスティーの注文を受けると、氷が溢れるほど入ったグラスに熱いまま注ぎ、それをストローで混ぜて冷やしてから提供していた。自動製氷機能のない冷蔵庫で製氷皿を使って氷を作っていたので、氷の数に限りがあって少し大変だったけれど、なんとかこなすことができていた。それほど広くない、というかどちらかというと狭いくらいのキッチンで、お互いの動きを見て気を配り合いながらテキパキと動いた。プレオープンを合わせても3回目の営業とは思えないほど良いコンビネーションで、満席でもスムーズな接客ができていた。僕はおりんさんが現れるまでひとりで喫茶店を運営していこうと思っていたけれど、これは絶対にひとりじゃ無理だと思ったし、おりんさんの優秀さに本当に助けられた。

その後も次から次へと途切れることなく来客があった。全員Twitterを見て来た人たちで、お祝いに花束やお菓子をもらった。ゆっくり話したい気持ちはもちろんあったのだけれど、どんどん入る注文と積み重なる洗い物に追われてひたすら作業をしていた。カイリュー木村さんがお祝いの花束を持って来店してくれた時も、氷が足りなくなってしまったり翌日のメニューの材料がなかったりで、買い出しに行っていて花束を直接受け取れないほど忙しかった。「カイリュー木村さんが来てくれたから早く戻ってきて」とおりんさんから連絡があり、重い荷物をさげて走って店に帰り、挨拶すると「本当によく頑張った、おめでとう」と言われ強く握手をしたのが、忙しかったこと以外で唯一記憶に残っている。

カイリュー木村さんは100万円の出資をして以来、ああしろこうしろとはほとんど言ってこなかった。もちろん僕が何か聞けば教えてくれたけれど、それ以外はただニコニコして見守ってくれている感じだった。100万円ものお金を出したのなら、ふつう指図したくなってしまう。きっとそれは、僕とおりんさんがのびのびと自由にやれるように、口を出したくなるところでもぐっと抑える優しさだったのだと思う。だからあの時、「よく頑張った、おめでとう」と言ってもらえたことは、いろんな不安があった中でしっかり見ていてくれたことの証しだと嬉しく思ったし、この人は本当に大きな人だと改めて感じた。

オープン初日は、23時まで営業して3万円くらいの売上げだった。営業をしながら次の日の仕込みもしていたのだけれど、最後の片付けが終わる頃には閉店時間をとっくに過ぎていて、ヘトヘトでなかなかソファから立ち上がれず、終電で帰った。

## 予想外の来客

次の日もまた、11時から23時までお客さんが途切れることなく大忙しだった。そして、オープンして初めての土曜日に、えらいてんちょうが店に来てくれた。打ち合わせをしたいので貸し切りにしてほしいと言われ、事前に貸し切り利用の料金システムを考えておいて伝えたら、「もう立派な商売人だ」と褒められた。すごく嬉しかった。僕の中でえらいてんちょうは、目標というか学びながらその姿を目指していく存在だと思っていたので、自分のしていることがお金をもらうに値するのか？　という不安が消え、自信をもってやっていこうと思えた。えらいてんちょうの10人くらいでの貸し切り営業は、特にバタバタすることもなくスムーズに進めていくことができた。

その後、片付けをしながらおりんさんと「今日はもう疲れたし閉店にしようか」と話していると、中年の男性が店に入って来た。疲れたなあと思いながら接客をしていると、その男性から「取材させてもらいたい」と名刺を差し出された。話を聞くと、中野経済新聞というウェブメディアの編集長で、中野に新しくできた店やイベントなどを取材しているとのことだった。

開店前、ツイキャスでえらいてんちょうが「しょぼい喫茶店はストーリー性があるから取材が来てもおかしくない、というか絶対に来る」と言っていて、「いやいや、そんなことあるわけないじゃん」と僕は思っていた。それがまさか開店して1週間もせずに現実となるなんて、まったく予想していなかったからすごく驚いた。

どうして喫茶店を始めようと思ったのかとか、開店までにどんなことがあったのかなどを聞かれて、取材が来たことが嬉しかった僕は、かなり饒舌《じょうぜつ》になってあれこれ話した。就活ではどんなに練習しても話せなかったようなことが、次から次へと口から出てきた。

取材から3日後くらいに確認のための原稿が送られてきて、それから1週間もしないうちにサイトに掲載された。

しょぼい喫茶店の記事が掲載されたという旨のツイートはどんどん拡散され、300人以上にリツイートされた。Facebookでは4000回以上シェアされ、Yahoo!ニュースやドコモのスマートニュースなどにも掲載された。

バズるというやつだった。記事には僕とおりんさんが写った写真も載っていたので、それがどんどん拡散されていく怖さもあったけれど、それ以上に店を始めて1週間でのバズりに興奮した。

スマートニュースを見た母から「ニュースになってるけど、すごいじゃん」と連絡があった。その時に初めて出資のことを知られてしまったのだけれど、母はそれにはまったく言及してこなかった。そんなことより、記事の掲載を伝えていなかったにもかかわらず、ネットに疎い母にまで拡散されたことが誇らしかった。有名になった感じがした。これからもっともっともっとお客さんが来て、もっともっと稼げるんだと思った。


次の日から、ネットニュースを見たと言って、えらいてんちょうのこともカイリュー木村さんのことも知らない、Twitterをやったこともないお客さんがたくさん来た。僕とおりんさんは忙しく働き続け、売上げは連日3万円を超えていた。ターミナル駅の近くでもなければ路面店でもない、カウンター7席でコーヒー1杯500円の喫茶店で、1日の売上げが3万円を超え続けるのはかなりすごいことだ。

そのときは、段ボールに「しょぼい喫茶店」と書いて吊り看板に貼り付けていたのが店の存在を伝える唯一の広告のようなものだったけれど、それでもネットニュースを見て、しょぼい喫茶店を目指して来てくれたお客さんがたくさんいたことで、立地なんて関係ないんだと思った。

それから少し経った頃、Twitterでフォロワー10万人を超えるアカウントを複数運営しているというお客さんが来た。そのお客さんはしょぼい喫茶店のことをすごく気に入ってくれたようで、「バズらせますね」と言って、複数のアカウントでしょぼい喫茶店のことをリツイートしてくれた。

その日、Twitterは「しょぼい喫茶店って何だ?」というツイートで溢れていた。僕は1日で200人以上にフォローされ、フォロワーは1000人近くまで増えた。またバズった。今度は人為的ではあったけれど、それでもたくさんの人がしょぼい喫茶店の名前を知り、気にしてくれていることがすごく嬉しかった。

## 店を休みにするということ

その時点では、メニューは相変わらずフードがひとつとチーズケーキ、コーヒーと紅茶だけだったけれど、それでも開店した途端にお客さんが来て閉店まで一度も途切れることがなかった。ネットを見てしょぼい喫茶店を目指して来てくれる人は、雨の日でも雪の日でも平日でも、社会の動きに関係なく来店してくれた。そんなお客さんたちは、食事をしに来るとかコーヒーを飲みに来るというより、僕とおりんさんに会って話を聞きに来てくれる感じだった。だから、提供が遅くなっても文句を言う人はひとりもいなかったし、不格好な盛り付けになってしまっても「おいしいおいしい」と言って食べてくれた。氷や調味料がなくなってしまったら、「買い出しに行きますよ」とコンビニまで出向いてくれた。

ほしい物リストからの商品も毎日のように届いた。のびのびと楽しく働けたし、お客さんもすごく満足しているようだった。売上げは最低でも1日1万円は必ず超えていた。むしろ、1万円では少ないなあと思ってしまうほどだった。

3月の半ば、大手テレビ局のディレクターが来店し、取材を受けた。差し出された名刺には、誰もが知っているテレビ局のロゴと夕方のニュース番組の名前が書いてあった。びっくりした。ネットニュースやTwitterを見て知ったというディレクターは、開店の経緯やそれまでのお店の様子を細かく聞いてメモを取っていった。素直に嬉しかったし、地上波の、それも夕方のニュース番組で特集されれば、もっともっと来客が増えると思った。人が来すぎて周りの店の迷惑になるかもしれない、そうしたら制限をかけようかとおりんさんと話したほどだった。結局その話は企画会議を通らず、なくなってしまったのだけれど、それでもキー局のディレクターが目をつけるほどの注目度があるという事実は変わらないと思えた。

3月も20日を過ぎた頃、来る日も来る日も朝から晩まで働き続けた僕とおりんさんは、ふたり揃って寝坊をした。起きたらすでに16時を回っており、急いでおりんさんに連絡すると、「私も今起きました」と返信があった。もう店に向かう気力もなかったので、この日は休みにしようということになった。オープン以来初めての休みだった。

事後報告になってしまったけれど、とりあえず休みである旨を報告しておいたほうがいいと思い、「ふたり揃って寝坊をしてしまったので、休みにします！」ということをツイートした。突然の休みの上に事後報告だし、何か言われるんじゃないかと少し怖い気持ちもあった。でも、Twitterでの反応は僕とおりんさんの予想と正反対だった。

「人間らしくていい！」とか「本来お店はこうあるべきだ！」とかいう返信がたくさん届いて、ツイートに対する「いいね！」は１００件近くついた。

店を休みにして褒められた。笑ってしまった。

店を開ければ必ず1万円は売り上げるし、休みにしたら休みにしたで褒められる。開けたいときに開ければいいし、疲れた時は閉めればいい。こんなに自由で楽しく、ストレスなく働いて生きていける。自営業は本当に最高だと思った。

## 大学の卒業式

3月26日、大学の卒業式があった。お店をおりんさんに任せて、朝から会場に向かった。就活の時に着ていたスーツや革靴を身につけると、少し胸がザワザワとしてくる感じもあったけれど、「僕は自分で進路を決めた、経営者なんだ」と思うとあの時とは明らかに違う心持ちで、少しだけ胸を張ることができた。

会場に着くと、華やかな姿の卒業生がたくさんいた。みんな就活をして内定をもらい、それぞれに進路があるのだと思うと、自分がこの会場を観察しに来た人のように思えた。僕は僕で進路が決まっていたけれど、就活の時に感じていたような、世界を遠くからボーっと眺めている感覚は、より強くなっていた。でも、それが辛いとは思わなかった。どちらかと言うと、それを誇らしく感じていた。

みんなが浮かれて卒業旅行に行っている間、僕は店をオープンさせて経営者になり、メディアに取り上げられ、連日売上げをたてている。就活をしている時、僕は周りの就活生がみんな自分より大人に見えていた。でも、この卒業式の時点では、自分が周りより大人になっていると思った。

式の最中、僕はずっとTwitterを見ながらお店の動きをチェックしていた。そして、「周りのみんなは卒業生、僕は経営者」と思い切り優越感に浸った。式が終わると大学に行き、学位記を授与された。堂々と受け取ることができた。進路調査用紙が配られたので、就職でも進学でもない〝その他〟のところに印をつけ、起業と大きく書いた。職種のところには経営者と書き、清々しくそれを提出し教室を出た。

思い返せば、この大学でそれほど楽しい思い出を作ることはできなかったし、輝かしい功績を残すこともできなかった。それでもそのすべてをひっくり返す逆転サヨナラホームランを打った。楽しそうに笑いながら写真を撮りあっている卒業生を見ながら、自分がこの中で一番優秀だと思った。咲き誇る桜やすぐそこにある春の陽気、卒業式に参列した保護者や街行く人まで、目に映り肌に感じるもののすべてが自分の門出を祝福しているように感じた。金色の文字が入った真紅の学位記と、それまでの自分がすべて肯定されるような大きな矜持《きょうじ》を抱えて大学を後にした。

3月の売上げは55万円くらいだった。仕入れや家賃、水道・光熱費を差し引くと35万円くらい残った。しょぼい喫茶店がオープンする前はアルバイトをしないと家賃も払えない想定だったので、こんなに残ったことがすごく嬉しかった。

自営業を選んで本当に良かったと思った。自分の選択が間違いじゃなかった、むしろ大正解だったんだと自信がついた。僕は就職ができなかったけれど、起業という道を選んで成功した。就活の才能はなかったけど、経営の才能はあるんだと思った。

このあたりから、僕は寝ても覚めても売上げのことばかり考えるようになっていた。電車を待ったりボーっと歩いたりしている時、気づくと売上げの計算をして、仕入れはどのくらいで、このペースでいくと月の売上げはどのくらいなのかを考えるようになった。そうしているのが息苦しいとか辛いとかいう気持ちはまったくなくて、楽しくて楽しくてたまらなかった。そんなふうにお金のことばかり考えている人は銭ゲバと揶揄《やゆ》されがちだけれど、だからなんなんだと思っていた。あーだこーだと人生について考えを巡らせて、ゴールのない思考の海を泳ぎ続けるよりも、お金のことを考えているほうがよほど健全だと思った。お金のことを考えて、それを実務にどう落としていくかを考えている時は、よけいなことに頭の容量を割かれない。

就活の時の生きづらさのようなものは、明らかに消えてなくなっていた。僕の前途は希望に満ち溢れ、明るい未来が待ち構えているのだと思った。

3月いっぱいで新宿の学生マンションを退去したのだけれど、しょぼい喫茶店に住むのは狭くて現実的じゃないし、そもそも飲食店は生活用水と営業用水を分ける必要があり、店舗の構造上からもしょぼい喫茶店に住むことはできなかった。なので、店の近くにアパートを借りて3月の終わりからそこに住んでいた。

「店に住む」というえらいてんちょうのブログに書いてあった生活は、実際には可能な店舗で可能な人がやれることで、僕もしょぼい喫茶店も、その生活には向いていなかった。そっくりそのまま真似しなくていいのかな？　という気持ちや、家を借りることで増える月々の固定費が怖い気持ちも少しはあったけれど、このくらい稼げれば家を借りても大丈夫という気持ちのほうが大きかった。それほど3月の売上げは自信になった。

## 次々にくる取材依頼

4月に入ってすぐ、僕のTwitterアカウントにダイレクトメッセージが届いた。詳しいことはよくわからなかったけど、ネットニュースからの取材依頼で、僕は迷わず承諾した。メールでやりとりしたいと言われ、メールアドレスを教えるとすぐにメールが来た。そこには、すごく有名なＩＴ企業の名前と、その企業が運営するネットニュースの名前が書いてあった。これはまたバズるんじゃないかと、心が踊った。

数日後、インタビュアーやカメラマンなど3人くらいが来店し、取材を受けた。それまでの取材と同じ感じで、就活のことから開店までの経緯や開店してからの様子を話した。話している間にパチパチと何枚も写真を撮られた。大きなレンズを向けられるのは恥ずかしかったけれど、なんだか有名人になったような気分だった。話し終わると、僕とおりんさんが並んで立っている写真を撮られた。大きくて丸い、すごくまぶしい板を向けられた。ＣＤのジャケット写真を撮っているようだった。いろんな立ち位置で、いろんな方向から写真を撮られると、取材は終わった。

1週間後くらいに記事が掲載された。インタビューがすべて書き起こされている記事で、僕の写真はどこからどう見ても若手起業家という感じだった。記事が掲載されたというツイートはたちまち拡散され、なんとphaさんまでリツイートしてくれた。驚きと嬉しさで興奮した。僕を救ってくれた本を書いたphaさんにまで認知された。もしかしたらphaさんが店に来てくれるんじゃないかとおりんさんと話した。おりんさんも実家にいる間にphaさんの本を読んでいたようで、そうなったらいいねと、ふたりで盛り上がった。

それから、別の取材が何件かあった。今度はウェブ媒体ではなく、雑誌だった。ネットニュースももちろん嬉しかったけれど、紙の媒体はなんだか箔がつくような気がした。どんどん有名になって、どんどん認知されていっているのを感じた。取材はもう慣れたもので、同じことを聞かれるので同じことを話した。徐々に緊張もしないようになり、坦々とこなしていくようになっていた。

紙の媒体では記事が掲載されると、記者の方がその雑誌を店に送ってくれた。誰もが知っているような雑誌ではなかったけれど、実際に手に取れるモノになっているのは、やはり嬉しかった。記事を読みましたという手紙も何通か届いた。なんだかファンレターをもらっているようでドキドキした。紙の媒体は、ネットニュースと違ってリツイート数やPV数が把握できないけれど、それでも、手紙が届いたということはそれなりの人数には届いているのだろうと思えた。

## 店舗運営はエンターテインメント

その頃もまだ、メニューはフードがひとつにチーズケーキ、コーヒーと紅茶とソフトドリンクが数種類という感じだった。お客さんはほぼネットを見て来た人で、北は北海道から南は九州、海外に住んでいる人まで、しょぼい喫茶店を目指して来てくれていた。3月ほど大忙しというわけではなかったけれど、店を開ければ必ず1万円以上は売上げがあったし、お客さんと話す余裕があるくらいのちょうどいい混雑状況だった。

4月から、もともとえらいてんちょうに勧められていたnoteを始めた。noteは、自作の文章や音楽、写真などを公開できるサイトで、気に入った作品があれば読者がクリエイターに投げ銭をすることができる。作品を非公開にしておいて、クリエイターが定めた金額を課金した人にだけその作品を見せるという設定もできる。

えらいてんちょうは、日々の出来事や店の売上げなどを課金制の日記のように更新していた。500円に設定しておけば月に数万円入ってくるので、早く始めたほうがいいと言われていたけれど、なかなか時間がなかったり、始めたところで誰がお金を払って読んでくれるんだろうと思って始められずにいた。

4月に入って少し時間に余裕ができたので始めてみると、30人くらいの人が買ってくれた。接客をしなくてもいいし、僕は文章を書くのがあまり苦にならないので、noteでの売上げはかなりありがたかった。えらいてんちょうのように、店にいて思ったことや、日々の売上げなどを毎日更新していた。

購読者が増えるにつれて、店舗を運営することは、ある種エンターテインメントなんだと思った。店には毎日いろんなお客さんが来て、いろんな出来事がある。しょぼい喫茶店のように開店前からSNSで情報を発信していると、日々の出来事が気になってお金を払ってnoteを読んでくれる人もいるんだと思った。もちろん、経営素人のふたりで毎日どのくらいの売上げがあるのかを知りたいと思ってお金を払っていた人もいると思うけれど、それでも、飲食店で飲食にだけでなく、日記のようなものにもお金を払うということは、エンターテインメントという側面があるのだと思った。

そんなことを考えていた僕は、あることを思いついた。しょぼい喫茶店を開業するにあたって、どんなふうに出資を得たのかということを「戦略」としてnoteで有料公開しようと思ったのだ。というのも、僕はそれまで、突然現れて出資をしてくれとツイートし、突然出資を得たと思われていた。手を挙げていたら降ってきたという感じだ。特にそれを訂正することもなかったけれど、実際はえらいてんちょうを半年以上観察していたり、カイリュー木村さんのことも知っていたり、店を始めるためにTwitterやブログを始めたりしたことは、ストーリーとして面白いし、戦略というふうにすればかなりの人数が買ってくれるんじゃないかと思った。

すぐに文章を書いて「100万円をもらうに至った戦略」というタイトルでnoteに公開した。おりんさんと相談して、安すぎるとたくさんの人に読まれてしまって、そうなると裏話を知って幻滅されるかもしれないという話になり、ある程度購読者数は絞れるけれど興味があったら買いたくなるというところで2000円で公開した。1時間もかけずに書いた文章に2000円。どう考えても高いのだけれど、高いからこそ買ってくれた人はそれでもしょぼい喫茶店のファンであり続けてくれるだろうという考えもあった。

公開した日に、20人くらいに買われた。驚いた。「購読者が増えました」という通知が届くたびに興奮した。文章を書くのは好きだったけれど、まさか自分の文章が2000円で売れていくとは考えたこともなかった。買ってくれた人たちの反応はどれもこれも賞賛ばかりだった。ただ、そんな反応を見ていると、えらいてんちょうやカイリュー木村さんが読んだらどんな反応をするのかと、少し怖い気持ちもあった。

何日か後、ついにそのふたりにも買われた。絶賛だった。ふたりとも口を揃えて「えもてん、えらい！」とツイートしてくれた。えらいてんちょうは、「起業したいならこれは絶対買ったほうがいい！　2000円の価値はある！　500円じゃ買えない！」というツイートまでしてくれた。するとその効果で、またどんどん購読者が増えていった。スマホを見ればnoteからの通知で、2000円儲かるという具合だった。結局、その記事は80人以上に買われ、それだけで店の家賃2か月分を売り上げた。まさかこんなに売れるとは思ってもみなかった。自分の文章や考えたことにお金が払われたり、それが褒められたりするのはすごく嬉しかった。

## 自分の理想がそのとおりになる

noteが絶好調で売れていた頃、店舗ではある問題が起きていた。しょぼい喫茶店は、その店の成り立ちからか、何かを辛く感じている人や困っている人の来店がすごく多かった。そういう人たちの来店自体はまったく問題ないのだけれど、「私は職場にこんな問題があってうつ病になったけどあなたたちは？」とか、「家庭にあんな問題があって困っているがどうしよう」といった話をされるのはけっこう辛いものがあった。昔の辛い話をしていると、その過去を追体験してしまい、その時の気持ちが蘇ってきてしまう。それに僕とおりんさんはカウンセラーではないので、辛いことを相談されてもそれを解決することはできない。むしろ、変に共感してしまってこちらまで辛くなってしまう。特におりんさんは穏やかで話しやすいので、毎日のようにそういう話からダメージを受けていた。僕とおりんさんは、辛いときもあったけど、なんとかそのトンネルから出ようと日々やっていて、そのトンネルのど真ん中にいる話を聞いたり、その時期を思い出したりしてしまうと、なんだか永遠にこの辛いトンネルから抜けられないいんじゃないかと思えてきてしまった。

そこで、いろいろ話し合った結果、noteに値段をつけたことを参考にして「おりんのしょぼい相談室」というのを始めた。おりんさんと一対一での相談に、10分1000円という高めの値段をつけて、ハードルを設けた。すると、それまで際限なくあった辛い話が激減して、相談を受けても、時間を決めてちゃんと対価をもらうことで、おりんさんもかなり楽に話を聞けるようになったと言っていた。

noteの時もそうだったけれど、自分が考えていたことがそのとおりの結果になるというのは本当に楽しい。経営者になって良かったと思った。好きな時間に起きて好きな時間に店を開け、誰かから怒られることも搾取されることもない。こんなに自由でこんなにストレスなく働ける自営業は本当に最高だと思った。この頃おりんさんは、夢の中にいるようだとよく言っていた。僕もそう思っていた。

4月、僕とおりんさんは昼過ぎから夕方くらいに店を開けて、疲れたと思ったら店を閉めていた。合計で10日くらい休んだし、開店時間も閉店時間もバラバラだったけれど、それでもnoteを合わせれば3月を超える売上げがあった。

自由に楽しくやって、それでも生きていけるんだと思った。なんでみんな自営業を始めないのか不思議なくらいだった。

これからもずっとこんな感じで、好きな時間に起きて好きな時間にお店を開けて、疲れた時は休みにして、それでもなんとなくお金を稼いでやっていける。僕とおりんさんは起業に成功し、現実から離れた夢の中にいるような幸せを手に入れることができた。

こうやっていつまでも夢の中をゆっくり歩いていければ、本当に最高だし、僕とおりんさんにはそれができると信じて疑わなかった。
でも、夢はそんなに長く続かなかった。

# 第4章
# このままでは潰れる

5月、ゴールデンウィーク中はなんとなく人が来そうだなあと思っていたので、とりあえず毎日店を開けていた。ちゃんと昼くらいには開店していたと思う。メニューはハンバーグプレートを出した記憶がある。

その頃のしょぼい喫茶店のメニューは、チーズケーキだけが定番で、その他のフードやデザートは気分によって適当に決めていた。僕もおりんさんも、ひとり暮らしの経験からお互いそれなりに料理はできたし、メニューを考えることにそんなに困ることはなかった。簡単に作れることと、そこそこ日持ちがすること、それとその時にどちらかが食べたかったり作りたかったりするもの、を軸に適当に決めていた。

原価の計算も、よくわからなかったのでしていなかった。安いスーパーで安い材料を買って、洋食屋さんよりは安くファミレスよりは高い値段設定で、みたいな、なんとなくの感覚でやっていた。それでも、メニューや値段の話をしている時は、経営者になった感じがして誇らしい気持ちだった。

ゴールデンウィーク中のハンバーグプレートも、僕が作りたいと思って、おりんさんも食べたいと思ったからとか、そんな理由だった。ご飯と千切りキャベツ、トマトをのせてワンプレートにした。そのほうが提供が楽だったからだ。値段はたしか850円だった気がする。

そんな感じでなんとなく決めたメニューでも、客足は途絶えることなく、ゴールデンウィーク中の売上げは平均して2万円を超えていた。営業時間を守ることや毎日店を開けることを4月のうちに完全にやめてしまっていたので、ゴールデンウィーク中、久々に毎日決まった時間に店を開けたことにすごく疲れてしまった。全速力で駆け抜けた感じだった。

それなりに売上げもあったし4月にnoteで稼いだぶんもあったので、ゴールデンウィークの後は少し休みを取ろうということになった。4月もたくさん休んでいたのだけれど、1日休んで次の日には店を開けるようにしていたので、ゴールデンウィーク明けは初めて連休を取ることにした。取るというか、休みたかったから休みにしただけなのだけれど。

ゴールデンウィーク明けなので観光地は空いているかもしれないということで、ふたりで旅行に行った。2泊3日で東京の新島という島に行ったのだけれど、この時の話を書くとものすごく長く脱線してしまうので、また後で書くことにする。

旅行から帰って、すぐにしょぼい喫茶店へ行ってみた。なんとなく心配だったというか、数日店を離れるのが初めてだったので、何か問題は起きていないかと気になっていた。

店内は旅行に行く前と何ひとつ変わっていなかった。時間が止まっていた。水滴ひとつないシンクや、置いたままのフライパンが、なんだか少し気持ち悪く見えた。もう永遠に動かないんじゃないかと思った。ひととおり冷蔵庫の中や棚の中を見渡して、すぐに家に帰った。

次の日、旅行の疲れから、起きた時にはすでに夕方になっていて、お店を開けるのは諦めた。

## 店を開けるのが怖い

Twitterをまったく更新していなかったので、久しぶりにエゴサーチをしてみると、「ここ最近ツイートがないけどどうしたんだ？」とか「店に行ったけど閉まってた」というツイートがいくつかあった。申し訳ない気持ちはあったけれど、4月に休んだ時もそんなツイートはあったし、開けたい時に開けて休みたい時に休む気まぐれな店という印象も広まり、それが許されるどころか、しょぼい喫茶店の良いところとされる空気もあり、まあいいかという感じで休みにしてしまった。

その翌日、店には行ったものの、なんだか開店できる気分になれなかった。プライベートからの切り替えができず、お客さんが来たとしてもどう接していいかわからなかった。おりんさんも同じようなことを言っていた。店を開けたい気持ちがないことはないけれど、気分が乗らないのなら開けなくてもいいんじゃないか、4月のnoteもあるし、ゴールデンウィーク中は頑張ったからもう少しくらい休んでもいいよということになった。

それから数日間、店を開けずにいた。毎日開けようとは思ったのだけれど、どうしたら店を開けられるのかがわからなくなってしまった。学校をズル休みした次の日、自分が転校生になったみたいで、教室に入るのがすごく怖かったあの感覚と同じだった。別に誰が気にしているというわけでもないけれど、なんとなく後ろめたいというか、当たり前のようにやっていたことを、どうやっていたのか忘れてしまった感じだった。おりんさんは、店を開けるのが怖くなってしまったと言っていた。スイッチが切り替えられず、しょぼ喫モードに入れなかった。

明日は開けよう明日は開けようと言い合う日が続いた。旅行から帰って店に行った時のあの何とも言えない気持ち悪さが、魚の小骨が喉につかえているようにずっと心のどこかに引っかかっていた。

店を休みにしていた間は、特に出かけることもせず、お店のために何かをするわけでもなく、午後に起きて家でダラダラして、ご飯を食べて寝る生活だった。ただただ自堕落で非生産的な時間を過ごしていた。僕とおりんさんは真面目すぎて休むのが下手だから、休む時はしっかり休まないとという気持ちが、行きすぎてしまったのだと思う。

## 売上げが……

5月も半ばを過ぎた頃、自堕落な生活をし続けて溜まった膿を吐き出すように、ようやく店を開けた。久しぶりの開店に少し緊張していた。

それでもお客さんが来ると、いつもどおりに動くことができた。この日も売上げは1万円近くあり、「店を開ければ必ず1万円売り上げるんだから、すごいよねぇ」とおりんさんと話した。一度開けてしまえばそれまで抱いていた違和感のようなものは消え、スイッチを切り替えることができた。

次の日からは毎日店を開けるようになった。といっても、14時過ぎにお店に向かい、ゆっくりご飯を食べてから15時過ぎにお店を開ける感じだった。夜はだいたい22時くらいまで開けていたと思う。メニューを考えることも面倒になり、ほぼ毎日チーズケーキとピザトーストに、ソフトドリンクが数種類だった。自営業は、開けたいときに店を開け、休みたいときに休めばよくて、とにかく「頑張る」ことはしなくていいんだと思っていた僕とおりんさんは、本当に一切の努力をしていなかった。むしろ、自分たちの好き勝手にやることが正解なんだと思っていた。

この頃から、毎日ほぼ確実に1万円を超えていた売上げがガクンと落ち込み始めた。夜23時まで店を開けていても5000円から多くても7000円くらいしか売上げが立たないようになった。それまでひっきりなしにあった来客も、1日に5人あればいいほうという感じだった。

それでも僕とおりんさんは、ストレスのない毎日が楽しくて、こんなふうに自由に適当にダラダラやっていく毎日が続いていくのだと思っていた。そして、そんな未来が待っていることがすごく幸せで、自分たちがそれを手に入れたんだと思うと、すごいことを成し遂げたんだという自尊心はますます大きくなった。

結局、5月は月の半分を休んだ。売上げはゴールデンウィークの貯金があったのでなんとか15万円くらいになった。売上げが15万円ということは、家賃や水道・光熱費などを支払うとほとんど何も残らない。トントンというやつだった。3月や4月と比べると、4分の1くらいの売上げだったけれど、月の半分を休みにしても赤字にならないのはすごいことなんだと思った。本当に何の危機感も抱いていなかった。

## それでも膨らむ自尊心

6月。5月の反省から毎日店を開けることを目標にした。営業時間については特に何も考えていなかったので、5月のように昼過ぎに店に行き、ご飯を食べてから15時くらいに店を開けていた。とりあえず開けてさえおけばいいと思っていた。カウンター内の簡易椅子に腰かけ、スマホをいじったり本を読んだりしていた。そんな時間がすごく長かった。お客さんはネットを見てきたという人がひとりかふたり。売上げは2000円くらいだった。

今日はたまたま調子が悪いだけだから、明日はちゃんと売上げが立つ、とりあえず開けておけば大丈夫だからと、おりんさんと毎日のように言い合った。5000円くらい売り上げたときは、「大成長じゃん！」と言ってハイタッチをした。毎日毎日ただただ店を開け、ただただボーっとしていた。ストレスのない生活がこんなにも楽しくて幸せで、自営業は本当に最高だと、口を開けばそんなことばかり言っていた。

でも、僕とおりんさんは気づいていた。気づいていたからこそお互い気を遣って、空元気を振り絞って励まし合っていた。

そんな日が1週間くらい続いたある日、現実を直視せざるを得ない出来事が起きた。お客さんがひとりも来なかった。オープン以来、お客さんがひとりも来ない日は1日もなかったのに、とうとう来客がゼロになってしまった。僕もおりんさんも5月の下旬からなんとなく客足が遠のいているのに気づいていた。気づいていたけれど、口に出したらその現実が襲いかかってきそうで、そこからどうにか目を背けるために自分たちは幸せなんだと言い聞かせていた。

とにかくどうにかしないといけないと思い、あれこれ話し合った。店を開ける時間が定まっていないし、気まぐれで開いていたり閉まっていたりするので、来ても開いていない店という印象がついてしまったんじゃないか。ネットで店のことを知って面白そうだから来てみたという人はリピートしてくれないんじゃないか。バズった影響がもう終わり始めているんじゃないか。気を遣わずに思っていることを話し出すと、不安に感じていたことはふたりともほとんど同じで、それがいくつも挙げられた。

人が来ない現実に目を向けるのは確かに楽しいことではなかったけれど、それでもここからちゃんとすればどうにかなるんだと思っていた。僕は起業に成功した優秀な経営者なんだという大きな自尊心が、そんなふうに思わせた。

とにかくまずは、店を開ける時間をしっかり確保しようということになった。それから、インターネット一辺倒ではもうどうにもならないので、地域に根付いた店を目指そうということになった。

その頃、何回かお店に来てくれていた男性のお客さんが、今度仕事を辞めてしょぼい喫茶店の近くに引っ越すので、週に3回くらい定期的にモーニング営業をしてみたいと言ってきてくれた。その方は愛知県出身で、モーニング文化をよく知っているし、コーヒーも好きなので、モーニングに入ってみたいという話だった。

僕とおりんさんはそれを快諾し、すぐにプレ営業というかたちでモーニングをやってみてもらった。僕とおりんさんも客として行ってみたのだけれど、朝の空気とゆっくりとした時間がすごく気持ちよかった。お客さんもけっこう来てくれたので、日曜日から火曜日までの3日間をお願いすることにした。

そのこともあって、僕とおりんさんもモーニングを始めてみようということになった。

それに、しょぼい喫茶店のある地域には、チェーンのファミレスや牛丼屋、カフェなどがなく、朝食を食べられるお店がなかった。小さな商店街を中心に住宅街が広がっている感じで、仕事から帰る人たちを店の窓からよく見ていた。モーニングを始めれば朝食を食べたい人や、ひと息ついてから出勤したい近所の人たちが来てくれるんじゃないかという話になった。

モーニングの時間帯はチェーン店と同じくらいに値段を安く抑えれば、しょぼい喫茶店の背景を知らない人でもお店に入りやすい。それで毎朝通ってくれる人が増えれば、今度は休日に来てみようとか友達や家族を連れてこようとなって、地域に根付いた店となる。

これで間違いなく新井薬師前という地域を攻略することができる。僕とおりんさんは本気でそう考えていた。それまで、起業にしてもnoteにしても、狙ったものはことごとく当ててきた。今回も必ず当てることができる。店舗経営はちょろい。絶対に大丈夫だ。そう信じて疑わなかった。

## 初めてのメニュー改定

通勤の人を狙うとなると、朝8時に店を開けていては遅い。モーニングでゆっくりひと息ついてからとなると、7時には開けておいたほうがいい。7時に店を開けるのは大変そうだとは思ったものの、それまでの生活リズムを考えると、朝方3時や4時に寝て昼過ぎに起き、夕方近くに店を開けていたので、それをすべて何時間か前倒しすれば、睡眠時間は変わらずに確保できると思った。最初は辛いかもしれないけれど睡眠時間はしっかり確保できるのだから、慣れてしまえば楽になると思った。

それから、7時から23時まで店に立ち続けるのはさすがに体力的にきついと思ったので、自分たちが入るのは17時までにして、17時からの夜営業は間貸しすることにした。この間貸しのアイディアは、えらいてんちょうが経営するイベントバー、エデンを参考にした。イベントバーエデンは、日替わりで毎日違うバーテンダーが店に立つ。その間、店長は基本的に店に滞在しない。閉店の少し前に店に来て、レジの精算をして、売上げに応じてバーテンダーに報酬を支払う。

このシステムを使えば、自分たちが店に立たなくても店を開けていられるし、売上げから報酬を支払うので時給のように固定で賃金を払う必要もない。これで朝の7時から23時まで店を開けていられる。画期的だと思った。

僕はすぐにTwitterで夜営業に入りたい人を募集した。「週1でも隔週でも大丈夫。ノルマもなしで、入りたい時に入ってくれれば大丈夫」そんなツイートをした。するとすぐに何人か応募があった。もともとお客さんでよく来てくれていた人や、エデンの日替わりバーテンシステムを知っている人など、8人くらい集まった。これで毎晩の夜営業が埋められそうだった。自分たちが朝7時から17時まで入って地域に根付くような店をつくり、17時からは間貸しでネットを中心に集客する。完璧だと思った。

それからすぐに、モーニングのメニューや値段を考えた。コーヒー1杯を通常の半額の250円にした。朝定食は安めのメニューと高めのメニューの両方を作った。安いほうは、サラダ、スープ、トーストで250円。コーヒーとセットでワンコインとなるようにした。おにぎりふたつと味噌汁、漬物をつけて250円のメニューも用意した。高めのメニューは、ご飯かフレンチトースト、目玉焼きかスクランブルエッグ、ベーコンかウインナーを選べるようにして、フレンチトーストにはサラダとスープ、ご飯には味噌汁と漬物をつけて、ドリンクとセットで700円にした。

メニューを考えていると、しょぼい喫茶店の周辺にはランチ営業をしている店も少ないという話になった。居酒屋や焼き鳥屋など夜からの店が多く、お得なランチを始めればランチ難民を一気に獲得できると思った。そこで、500円のワンコインランチも始めることにした。メニューは、その都度、近所のスーパーで安く買えるものでの日替わりにした。とにかく安くすればお客さんが入ってきてくれると思い、ワンプレートでご飯、サラダ、メインのおかずを

つけて、そこにドリンクもつけて５００円にしようということになった。

しょぼい喫茶店はビルの２階で、店の存在を外に知らせるのは吊り看板に貼ってある段ボールだけだった。これでは地域の人が店の存在に気づいて入ってきてくれるのは難しいと思い、立て看板を外に置くことにした。片面にはメニューの写真をラミネートして貼り、値段を書いた。もう片面にはそれまで取り上げられたメディア記事をプリントアウトして貼った。おりんさんが10年以上習字を習っていたので、すごく綺麗な字で立派な看板を作ることができた。夜営業の募集とメニューや看板の準備が終わったのが、６月の下旬のことだった。

## モーニング営業スタート

朝定食の写真や営業時間変更のツイートをして、新体制のしょぼい喫茶店が始まった。朝７時に店を開けるために、毎朝６時半に起きるようにした。すごく大変だったけれど、それも最初だけだと思って、とりあえず慣れていくしかないんだと自分を奮い立たせた。看板を出し、コーヒーを淹《い》れ、モーニングとランチのためにご飯を炊いたりサラダを作ったりした。ひととおり準備が終わるとソファに座って、通勤途中の人たちを窓から眺めた。

おりんさんとはほとんど何も話さなかった。お互いに朝が強くないとわかっていたので、気を遣ってあまり話しかけないようにしていた。気がつくと、どちらかが寝ていることもよくあった。

通勤途中の人たちは、音楽を聴いたりスマホを見たりしながら、一直線に駅を目指して歩いていた。何かに引っ張られているようだった。一生懸命作った看板に誰ひとり見向きもしない。

朝、喫茶店でゆっくりひと息、なんて考えている人は誰もいないんじゃないかと思った。これから乗る満員電車のことや今日の仕事のことを考えて、憂えているようだった。地獄に向かっているような顔をしていた。

そんな顔を見ていると、内定を勝ち取って就職していった大学の同期たちのことを思い出した。みんな働いている。この時間に起きて、スーツを着て身だしなみを整えて、会社へ向かっている。自分はスーツを着ることもなく身だしなみも適当なまま店に向かい、ソファに座っている。みんながパソコンに向かって仕事をしたり外回りの営業をしている間、僕はボーっとお客さんを待っている。

みんなが契約を取って何百万、何千万という数字をあげている頃、僕は250円のコーヒーを飲みに来てくれる人をただじっと待っている。新卒の給料はだいたい20万円だから、出勤日で割ると1日に1万円くらい稼いでいることになる。僕は10時間店にいて、500円しか売上げがない。一体何をしているんだろう。自分が恥ずかしくて情けなくて、どうしようもなかった。

今日こそは誰かがモーニングに来てくれる、今日こそはランチに近所の人が来てくれて満席になる。そんなふうに考えることでしか、むなしさに立ち向かうことができなかった。来る日も来る日も朝7時に店を開け続けたけれど、17時まで店を開けていても、売上げが1万円を超えた日はなかった。相変わらずTwitterを見た人が数人来てくれるだけだった。平日のモーニングにはネットを見た人も来てくれないし、ランチはランチでワンコインだったので客単価がすごく安く、売上げは伸びなかった。夜営業の人たちのおかげでなんとか1日に1万円弱の売上げはあったものの、彼らに気持ちよく働いてもらえるように、やりたいことだけを楽しくやってもらえるように、掃除をしたりおつまみを作ったりすることで、仕事の量はものすごく増えた。

23時に精算をしに行って、店を片付けて家に帰ると、もう24時を回っていた。そこから帳簿をつけたりお風呂に入ったりしていると、結局寝るのは2時や3時だった。

僕とおりんさんはどんどん疲弊していった。疲れていてもまともに眠れていなかったことで、口を開けば言い合いになっていた。お互い睡眠時間が少なくてピリピリしていることはわかっていても、どうしようもなかった。モーニングの時間に店を開け続ければ、きっといつか誰かに気づいてもらえると思っていたから。頑張って頑張ってここを乗り切れば、必ずお客さんが来てくれる。こんなに一生懸命やっていることが報われないはずがない。そう思い続けた。でも、売上げは伸びなかった。

朝定食やランチに出そうと思っていたサラダはどんどん腐っていった。日替わりで出そうと思っていたランチメニューは、1日でさばけることがなく、何日も同じメニューが続いた。売上げがなかったから、どんなに暑くてもお客さんが来てくれるまでエアコンが使えなかった。窓を開けてひたすら来客を待つことしかできなかった。お客さんが来てくれても、笑顔で話を聞いたりするような接客はできなかった。お客さんに来てほしいけど、来てほしくない。本当に心も身体もぼろぼろだった。

## 僕は何も変わっていなかった

そんなある日、夜営業の精算が終わって店の掃除をしている時だった。売上げも伸びない、精神的にも肉体的にもしんどくて、これからどうしようかと話していると、おりんさんが言った。

「私、週1でバイト入ろうかな」

何かが崩れ落ちていくようだった。

僕は就職活動に失敗して喫茶店を開いた。それもたくさんの人の力を借りて、出資までしてもらって。店をつくってネットで話題になって、ほんの数か月売上げがあったというだけで、自分が何かを成し遂げたんだと思っていた。自分は立派な起業家で優秀な経営者なんだと思い込んでいた。何者かになれたんだと、僕はすごいんだと信じて疑わなかった。

忘れていた。僕はドロップアウトした人間なんだということを。どうしようもない人生なんだということを。就職活動の時に感じていた劣等感やそれに失敗して味わった絶望は、何倍もの大きさの自尊心となり、おごりになっていた。抱えきれないほど大きくて、そのくせ触れただけで崩れてしまうほど脆《もろ》いプライドのせいで、あれだけ苦しい思いをしたのに、僕は何も変わっていなかった。どうしようもない落伍者のどうしようもない人生におりんさんを巻き込んでしまった。本来なら看護師として何不自由なく暮らせたのに、経済的にも肉体的にも精神的にも感じるはずのなかった不安を僕のどうしようもない人生のせいでおりんさんに与えてしまった。

申し訳ないとかすまないとか、そんな言葉では言い表せないほどの罪悪感が重く重くのしかかってきた。僕はその場で両膝を床につけ、おりんさんに頭を下げた。

「ごめんなさい」

謝ることしかできない自分が情けなかった。

「ごめんなさい」

嗚咽《おえつ》を押し殺してもう一度言うと、おりんさんが駆け寄ってきて「そういうことじゃないからやめて」と言って僕の頭を起こさせた。すごく驚いて慌てているようだった。抑えきれない涙と嗚咽でぐちゃぐちゃになりながら、「どうにかするから」と声を絞り出した。そう言うことしかできなかった。どうにかするアイディアもツテもあてもなかったけれど、そう言うのが精一杯だった。

このままじゃ潰れる。本気でそう思った。でも、僕にはphaさんやえらいてんちょうのような頭の良さもないしコンテンツ性もない。この状況を逆転できるような画期的なアイディアもない。どうしていいか本当にわからなかった。このままネットでほんの少しだけ話題になった一発屋として、店を潰してしまったほうがいいんじゃないかとも思ったけれど、それさえも怖くてできないと思った。じゃあ自分が頑張ればいいのかというと、いくら自分が頑張ったからといって、お客さんが来てくれるわけじゃないことがモーニングの営業でわかってしまって、何をどう頑張っていいのかわからなかった。

全部自分が蒔《ま》いた種だった。店を始めたことも、少し売上げがあったからといって調子に乗ったのも、そのせいでお客さんが来なくなってしまったことも、全部全部僕の責任だった。そうやって一人前に責任だけは感じるのに、それをどうにかする頭も行動力もない。本当にどうしようもない人間だと思った。

店からの帰り道、「今は寝る時間も短くて体力的にきついから、それで精神的にも弱ってきていて、いろいろ良くない方向に考えちゃうだけだと思う。店長のTwitterの自己紹介のところにさ、『程よく楽しく長くがモットー』って書いてあるじゃん。まあどうにかなるからさ、やっていこうよ」とおりんさんが言ってくれた。「まあどうにかなる」という言葉に本当に救われた。本来なら励ますのは僕じゃないといけないし、どんな時も弱さを見せずに胸を張っているのが経営者のあるべき姿だということは理解していた。だから、ものすごく情けなくて仕方なかったけれど、でも、情けないと思ったところで僕が僕であることに変わりはない。どうしようもないことを受け入れて、それを少しずつどうにかしていくしかない。僕は立派な起業家でも優秀な経営者でもない。就活に失敗してしょぼい起業をした経営素人なんだ。

「どうにかなる」と自分に言い聞かせながら、いろんなことを試してみよう。もしどうにかならなくなっても、おりんさんがいてくれれば、きっとなんとかやっていける。

「どうにかなる」

7月。それまでとはまったく違う意識で経営の立て直しを始めた。

# 第5章

# 魔法を信じる力

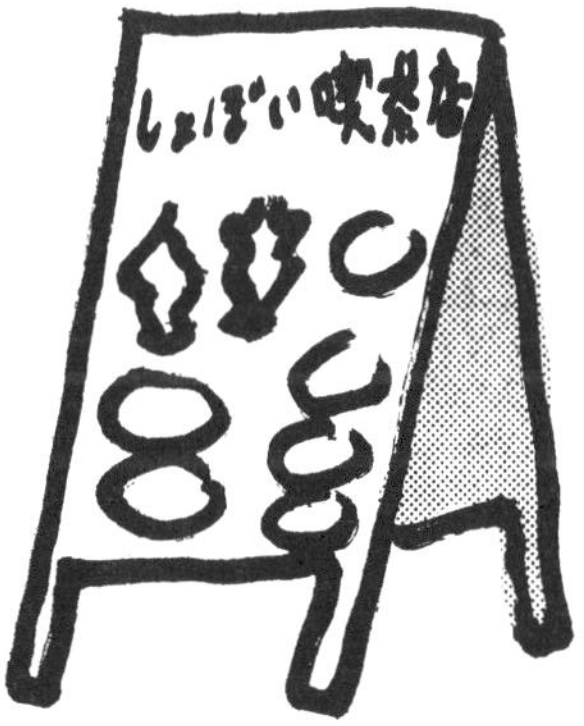

7月、まずは7時から始めていたモーニングを9時スタートに変更した。

7時からやっていると体力が削られていくし、それに伴って精神的にもしんどくなってくることがわかった。それに売上げが上がらない。辛くても売上げがあれば頑張れたかもしれないけど、売上げがなかったら辛いだけだ。

9時からでもちゃんと起きて店を開けられるのかちょっと心配ではあったけれど、7時からを経験していたので、どうにかやれるんじゃないかと思い、とりあえず9時からにした。メニューはそのままだった。それから、夜営業の終了時刻を22時にしてもらい、睡眠時間をしっかり確保できるようにした。間貸ししている人たちに、営業に入れそうな日を月のはじめに教えてもらい、毎日誰かしらが夜営業に入っているようにシフトを組んだ。

営業の内容も、音楽をやっている人には「弾き語りバー」を開催してもらったり、本が好きな人が集まる「オススメの本を持ち寄って交換するバー」を開いてもらうなど、ただ店番をするだけではなく、面白そうなイベントをやってもらった。もちろんこれは無理にお願いしたのではなく、得意なことや好きな分野で自由に楽しくやってくださいと呼びかけて、店という空間を使って大喜利をしてもらった感じだった。

結果的に、夜営業は連日1万円を超える売上げがあり、成功だった。逆に9時からにした朝昼の営業はそれほど芳しくない売上げだった。やはり、スタートを9時にしても、しょぼい喫茶店のことを何も知らない通りすがりの人が入ってきてくれることは本当に稀で、週末にTwitterを見た人が来店してくれるくらいだった。ランチは500円から600円に値上げしてみたけれど、100円の値上げでは売上げに影響するような効果はなかった。

ただ、6月から営業時間をしっかり決めて、店を開けているようにした努力が実ったのか、ランチ営業からティータイムくらいの時間帯にはTwitterを見たというお客さんが来てくれるようになった。おりんさんがTwitterで1週間の予定をツイートしてくれたり、開店を知らせるツイートを毎日してくれたことも、かなり影響していると思う。来ても閉まっているという印象から、営業時間に来ればちゃんと開いているという印象に変えることができた。ただし、お客さんはほとんどリピーターで、新規のお客さんは少なかった。

# 僕は優秀じゃない

ほとんどの日が、自分たちよりも夜営業の人たちのほうが売上げが多かった。情けないような気持ちも正直少しあったのだけれど、僕は優秀な経営者じゃないんだという意識が、その気持ちを抑えていた。

もし僕がいろんな分野に精通していたら、毎日のように面白い日替わりイベントを開催できたかもしれない。もし僕にものすごい求心力があれば、店が開くのを楽しみにしてくれるお客さんがたくさん増えたのかもしれない。でも、僕はそんな人間じゃない。僕に欠けている部分は、誰かにお願いしてやってもらうしかない。

そうなれば、僕のやるべきことは自ずとわかってくる。掃除だ。みんながやりたいことをやりたいだけ楽しくやれるように、その環境を整えるのが優秀な経営者じゃない僕の仕事なんだと思った。

朝来たら、まずほうきで床を掃き、コーヒーを淹《い》れる。自分たちの朝昼営業から夜営業に切り替わる時は、洗い物を残さない。作業台の水滴やコンロの油もしっかり拭き取る。要望があれば、夜営業に使うものの買い出しに行き、ドリンクの補充や夜営業にも出せるようにチーズケーキも欠かさず作った。精算に行った時も、片付けが途中だったら自分たちが率先して引き受け、22時になったらすぐにあがってもらえるようにした。

それまで僕とおりんさんは自分たちが使いやすいように、自分たちがわかりやすいように環境を整えていたけれど、この時から自分たちだけでなく、誰が来てもすぐに営業を始められる環境を作るようにした。

大学生時代、どのアルバイトでも掃除は新入りの仕事だった。開店前の床掃除やトイレ掃除、閉店後の片付けやゴミ捨て、そのどれもがアルバイトの仕事で、社員や店長がそれをやっているのは見たことがなかった。確かに、社員や店長には、彼らじゃないとできない仕事がある。誰でもできる掃除をやるより、自分たちにしかできないことをやっていた方が効率がいい。その理屈はわかっていたのだけれど、それでも僕は掃除をした。

父の姿を見ていたからだ。

## 父が教えてくれたこと

20年以上自営業を続けている父は、毎朝誰よりも早く出社し、毎晩誰よりも遅く退社すると言っていた。繁忙期の2月や3月は、人手が足りなくなるため親戚や知り合いが応援に駆けつける。僕も幼い頃から毎年その時期には手伝いをしていたのだけれど、父と一緒に会社に向かったことは一度もない。父は夜が明ける前に出勤し、自分にしかできない仕事や誰にでもできる掃除や倉庫の整理を終わらせ、社員や僕たちが来るとすぐに仕事を始められるようにしていた。

「みんなの仕事を作っておくのが社長の仕事。楽しいところだけを楽しくやってもらえるように、一番長い時間ほうきを持っているのは社長でなきゃいけない」

父は何度も僕にそう言っていた。繁忙期には自分や正規の社員だけでは、どうやっても手が回らないことを父は理解していて、だから「働かせてやっている」という意識ではなく、「働いてもらっている」という意識があったのだと思う。

僕も同じだった。店を夜まで開けておくことも、そこに毎日人を呼んで売上げをつくることも、僕にはできないとわかっていた。それに、掃除をしている時間が機会損失になるほど、何かできるわけではないことも知っていた。

だから、働いてもらっている僕は掃除をした。楽しいとまでは思わなかったけれど、父の言っていたことが理解できるようになったのが、少し嬉しかった。夜営業に入ってくれる人たちが、「今日も楽しかった」と言ってくれたり新しい企画を考えてくれたりすると、自分のやっていることが間違いじゃないんだと思えた。

夜営業に行ってみて楽しかったから、昼にも来てみたというお客さんがいた時は、すごく嬉しかった。僕とおりんさんのふたりではどうやっても届かなかった人たちが、夜営業の人たちのおかげで来店してくれた。人と人とが関わりをもつことで経済圏が広がっていくのを身をもって感じた。裏方として場所を守ることは、すごく大切なんだと思った。

## 潰れる喫茶店、潰れない喫茶店

7月は、5月半ばで更新をやめてしまっていたnoteも再開した。毎日更新していると購読者は少しずつ増えて、月の最後には75人くらいになっていた。ここにきて過去最高の購読者数になった理由は正直わからないけれど、僕の憶測では、「なんとなく盛り上がってる感じがする」というのが大きな原因だったと思う。

5月、6月と、店は開けないしメニューも変わらない、もちろん人の入れ替わりもない状態だった。それが、6月の後半から7月にかけて、急にたくさんの人がバーテンダーとして出入りするようになり、毎晩のようにイベント企画があって、その度に担当バーテンダーの人が宣伝のツイートをしてくれた。

朝昼営業でもおりんさんが毎日ツイートをしてくれていて、なんだか急に元気を取り戻したような雰囲気があったのかもしれない。そのことで、なぜこんなに急に活気づいたのか？　とか、売上げが知りたいとか、そういう人がnoteを買ってくれたのだと思う。

7月の売上げは1日平均2万円弱あったけれど、夜営業の人たちの報酬を除くと手元に残ったのはnoteの売上げを合わせても20万円いくかいかないかくらいだった。とりあえずまったく問題なく暮らしていける金額だし、5月や6月の少しも手元に残らなかったことを考えれば大成長ではあったけれど、1か月間まったく休みなしで働いてこれでは、あまりにも効率が悪いと思った。9時から店を開けて17時に引き継ぎ、22時に閉めに行くサイクルで、このままいったら体力がもたなくなるのは目に見えていた。

じゃあどうすればいいのか。

答えはすごく簡単で、自分たちの営業で客単価を上げればいいだけの話なのだけれど、これがなかなか難しかった。喫茶店はコーヒー1杯で何時間でも滞在することができる。アルバイトをしていた喫茶店でもコーヒーのみという注文はたくさんあったし、実際に僕が喫茶店やカフェに行くときも、飲み物だけを注文して作業をすることがある。

そういうお店がなぜ潰れないかというと、立地と広さがあるからだ。大きな駅に近かったり繁華街の中にあるお店は、とにかく開けていれば人が入って来る。アルバイトをしていた喫茶店は、平日だろうとモーニングだろうと営業時間内にお客さんがいないことがなかった。コーヒー1杯の原価はどうやっても100円を超えることはないので、とにかく人がたくさん入れば売上げは上がるし利益も出る。だから昔からやっている喫茶店やチェーンのカフェは、大きな駅の近くにあって、店自体もかなり広い。

一方、しょぼい喫茶店は、東京に住んでいてもそんなに使わない新井薬師前駅から5分も歩く上に、ビルの2階に入っていて店自体も5坪もない狭さだ。だからといって値下げをしたところでお客さんが来てくれないことも自分たちが疲れてしまうことも、それまでの数か月で痛いほどわかっていた。逆にコーヒー1杯を1000円にするわけにもいかないし、昼からアルコール類を出したところで大きな変化があるとも思えなかった。

定年後に喫茶店を開くとか、脱サラしてカフェを始めるとかよく聞くけれど、喫茶店やカフェこそチェーン展開できるような大資本がやることで、個人として小さく始めてそれを続けていくのは、実はすごく大変なことなんじゃないかと改めて思った。正直、なんで喫茶店を選んでしまったんだろうとさえ思った。

## 試行錯誤する日々

どうしたら客単価を上げて効率よく利益が出せるのか、僕とおりんさんは何度も話し合った。まず最初に考えたのが、コーヒーチケットや定期券だった。

コーヒーチケットは10枚くらいでひと綴りになったものを3000円から4000円くらいで発行する。そうすれば、1杯あたりの単価は落ちてしまうけれど、1回に入ってくるお金は増えるし、有効期限をつければ、それを使おうと思ってお客さんが通ってくれる。けっこういいんじゃないかと思ったのだけれど、フードメニューと一緒に使う時はどうするんだとか、コーヒーチケットも定期券も有効期限を設けないと意味がなく、そうなると期間中は絶対に店を休めなくなってしまい、それはしんどいんじゃないかとか、考えれば考えるほどしょぼい喫茶店では難しいということになってしまった。

周りにチェーン店がないことでランチ難民が多いので、ランチだけ牛丼をやろうというアイディアも出たけれど、結局これも単価は上がらないし、喫茶店に牛丼を食べにくる人もいないだろうという話になった。

店を綺麗にお洒落にして、名前もしょぼい喫茶店ではなく喫茶shoboみたいな感じにして一般層を取り込もうというのも考えたけれど、常連のお客さんたちは「しょぼい喫茶店のままがいい」と言う人が多く、自分たちも普通の飲食店をやるのはけっこう厳しいんじゃないかという話になって、このアイディアもボツになった。

いろいろ考えてみたのだけれど、結局画期的なアイディアは思いつかず、とりあえず8月からはモーニングをやめることが決定した。7月の9時からの営業は、7時からに比べれば確かに楽ではあったけれど、それでもお客さんが来ないのに店を開けておく必要はないということになった。ランチからティータイムに需要があることがわかったので、10時から11時くらいに開店することにして、その時間帯のメニューを試行錯誤していこうという話になった。

## ファンクラブ開設

それから、８月からはnoteをやめて、ファンクラブを開設することにした。これについても、えらいてんちょうを参考にさせてもらった。ファンクラブというのは、クラウドファンディングのプラットフォームであるCAMPFIREという企業が提供しているサービスで、月額料金とそれに合わせたリターンを決めてファンクラブ会員を募ることができる。

noteとの大きな違いは、月額料金とリターンに段階をつけられることで、しょぼい喫茶店のファンクラブは最低金額を５００円、最高金額を５０００円に設定した。

リターンは、５００円で日々の売上げを書いた限定公開の日記、１０００円で限定公開の日記に加えて僕かおりんさんが何か相談に乗る。２０００円で限定公開の日記と相談、プラス月に１回１時間しょぼい喫茶店を貸し切りにできる。３０００円でそれらの特典に加えて月に１回間貸し営業が可能。５０００円はすべての特典に加えて月に１回僕とおりんさんを都内のどこにでも出張させることができる、という感じにした。

ファンクラブを開設した理由は、お店以外の収入を作るためだった。

7月、僕とおりんさんは毎日店に張り付いている状態だった。モーニング営業に入ってくれていた男性が昼営業もそのまま入ってくれたので、日曜日から火曜日の昼営業夜営業は店に立たないものの、引き継ぎや精算に行く必要があるので、毎日必ず決まった時間に店に行かないといけない。それに加えて自分たちの営業があるとなると、店以外にやりたいことがあってもなかなか時間が取れない状態だった。だから、しょぼい喫茶店以外の収入を作ることで、時間的な余裕が生まれるんじゃないかと考えた。

それと、これはファンクラブを設立してからわかったことなのだけれど、しょぼい喫茶店はTwitterで情報を発信しているの

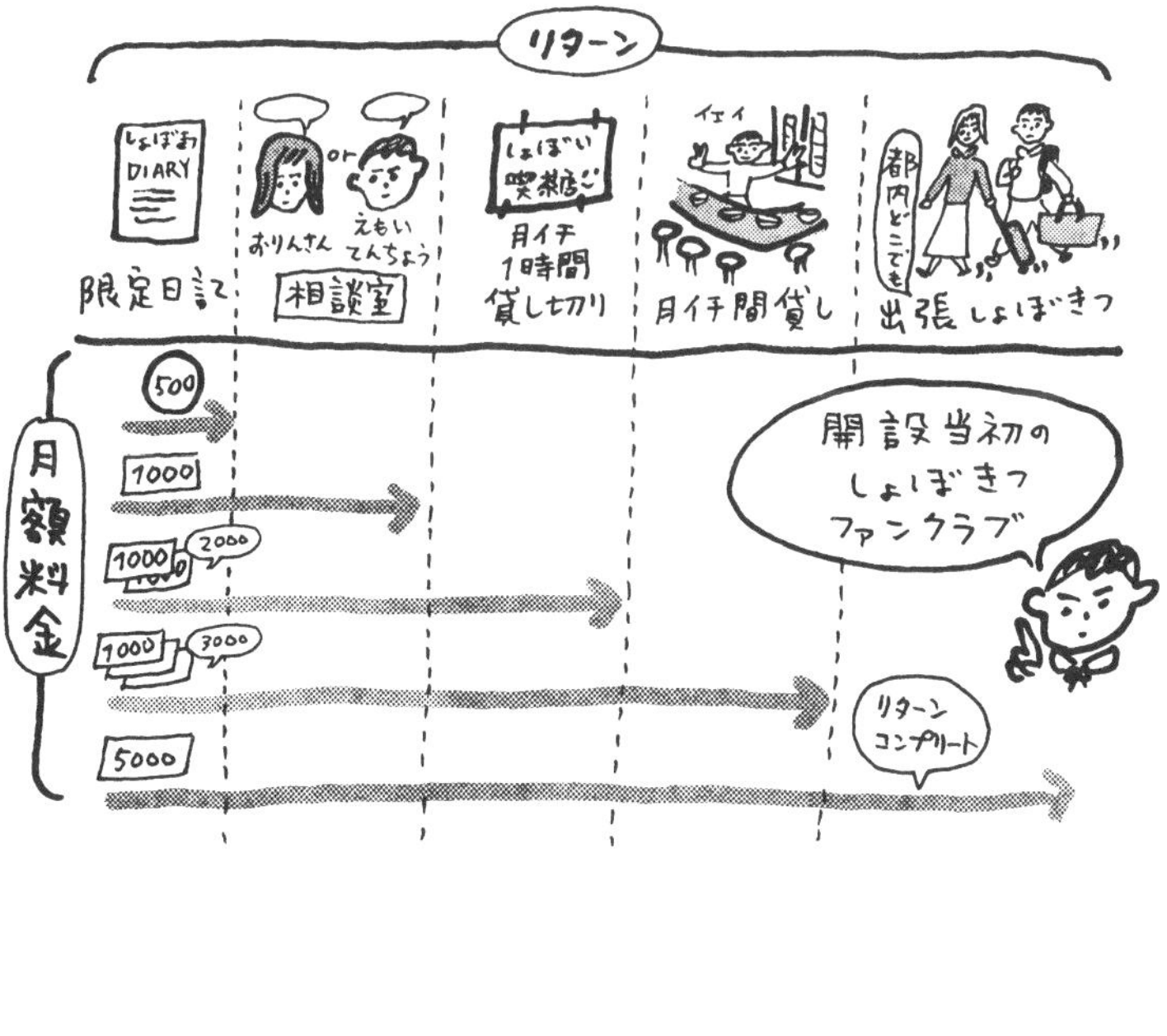

で、店に来てみたい人や応援したいと思ってくれる人は全国にいる。興味はあるけど来店するのが距離的に難しい人や、通うことはできるけれど来店して飲食代だけで応援するのは物足りないと感じている人がファンクラブに入ってくれている印象があり、そういう側面でもファンクラブは実店舗との相性が良いと思う。

## 8月初旬のある出来事

8月はそんな感じで、10時から11時くらいに店を開けることと、ファンクラブを開設することだけ決めて、売上げに直結する客単価のことは何も決めることができないまま始まった。

10時台からの営業は、7時からや9時からを経験していたこともあって、かなり楽だった。結局オープン当初に戻ったのだけれど、最初からそれしか知らないのと、いろいろやってみた結果たどり着くのとでは、感じ方がだいぶ違った。なんで11時に開けるのがあんなに大変だったんだろうと思うくらい、8月は毎日きっちり10時台に開けることができた。

店に行くと僕とおりんさんはどちらかが買い出しへ行き、どちらかが店の掃除、それが終わると僕はランチの準備、おりんさんは開店を知らせるツイートをするのが定番の動きだった。準備が終わるとソファに座って、今日は誰が来てくれるんだろうと思いながら来客を待っていた。

8月初旬のある日。その日はすごく暑くて、身体が重かったのを覚えている。家から這い出るように店に行って、いつものように開店準備をした。暑くて外に出たくないという理由で、実家から送られてきた夏野菜と買っておいたトマト缶で夏野菜のトマト煮のようなものを作った。

12時を過ぎた頃、2月のプレオープンイベントの時から通ってくれているお客さんが来てくれた。世間話をして、注文を受けて、いつものように僕はフードメニュー、おりんさんはドリンクを準備し始めた。

提供が終わると、またひとり来客があった。今度は近くに住んでいる大学院生の方で、もともとしょぼい喫茶店の背景を知らずに看板を見てフラッと来店して、いろいろと話しているうちに僕と同じ大学の卒業生でしかも同期ということがわかり、それがきっかけでTwitterをフォローしてくれて、そこからよくお店に通ってくれていた。

ふたりのお客さんはしょぼい喫茶店で一緒になったことがあり、「あ、どうもお久しぶりです」という感じの挨拶をしていた。その大学院生のお客さんは席に着くなり「聞いてくださいよ」と、アルバイトの話やバーで会った面白い人の話をし始めた。注文はいつものようにアイスコーヒーだった。バーで会った面白い人について僕が何か言うと、「いや、それは違うよ」とおりんさんが入ってきて、ポンポンとリズミカルに進んでいく会話に自然と力が抜けて、みんなに笑顔が溢れた。他愛ない会話ではあったけど、気を使わずに何者でもある必要がない空気がすごく心地良かった。

少しすると、近所に住んでいる占い師の方が来てくれた。この方はえらいてんちょうの経営する店でバーテンダーをしたことがあって、その流れでしょぼい喫茶店のことを知り、近所だからと7月くらいから毎日のようにお店に顔を出してくれていた。ブルーに染めた髪は色落ちして明るい緑色になっていたけれど、黒髪が想像できないくらい明るい髪色が似合うチャーミングな人だった。そのお客さんは以前、ロシア料理屋さんで飲んだストロベリージャムの入った甘い紅茶が美味しかったと言っていて、僕とおりんさんはストロベリーソースと紅茶でそれを再現してメニューに入れていた。以来、その方は来店するとストロベリーティーを注文するのが恒例となった。その日も確かストロベリーティーだったと思う。

お客さんは3人とも顔見知りで、会話の輪はすぐにひとりぶん大きくなった。みんなしょぼい喫茶店という共通点で知り合い、そして誰に呼ばれたわけでもなくこの日この場所に集まっていた。

職業や年齢もバラバラで、本来なら交わることのなかった3つの人生の交点がこの喫茶店なんだと気づくと、すごく嬉しかった。

7月から営業時間を定めてちゃんと店を開けていたことで、いわゆる店という空間が、徐々にコミュニティスペースのような感じになっていた。


ある常連さんが「自分の家にいてもつまらないなあと思うと、友達の家に遊びに行くような感じでしょぼい喫茶店に来ている」と言ってくれたことがある。この言葉を聞いて、「そういうことなんだ、それでいいんだ」と思った。

僕はそれまで、この喫茶店を店としてどう大きくしていくかばかりを考えて、何か画期的なアイディアはないものかと模索を続けていた。でも、しょぼい喫茶店はそうじゃないんだと思った。店というのは、空間があって商品があって、それを売るためのアイディアとそれに惹かれたお客さんで成り立っているんだと思っていたけれど、しょぼい喫茶店は人で成り立っているんだということに気づいた。ここに足繁く通ってくれている常連さんたちは、美味しいご飯が食べたいわけでも、美味しいコーヒーが飲みたいわけでもなく、僕とおりんさんが作っているこの空間が好きなんだ。それに気づくと、やるべきことは斬新なアイディアやシステムの構築なんかじゃなく、とにかく人柄のいい人、機嫌のいい人であり続けること、そして、このコミュニティの責任者として空間を管理し、守り続けることが僕とおりんさんの仕事なんだと思った。

## コミュニティを守る

視界が少しずつ拓けていく感じがした。いわゆる店ではなく、コミュニティという意識をもつと、それまでひとりで悩んでいたお店のことについて、お客さんとよく話すようになった。新しくこんなメニューを作ったらいいんじゃないかとか、今こういうイベントを考えているんだけど、お客さん的には来たいと思うかとか、僕とおりんさん、そして常連のお客さんたちで店というコミュニティを育てていくような感じだった。そういう流れから、今度イベントでバーテンをやってみたいという常連さんが何人も現れるようになった。占い師のお客さんは占い喫茶をやりたいと言ってくれて、Twitterでフォロワーがたくさんいるお客さんは、退職することが決まったので退職を祝うオフ会をしたいと言ってくれた。飲み歩くのが好きだというお客さんは、バーテンを経験してみたいと言ってくれて、大学でサークルの運営をしているお客さんは、そのサークルの集まりで使いたいと言ってくれた。

店員とお客さんの境界が曖昧になって、どんどんお店が開かれた場所になっていっていた。8月はもともと入ってくれていた夜営業の人たちの日も含めて、ほとんど毎晩イベントが開催された。9月もほぼ毎週末、常連の方がイベントを企画してくれた。

8月も9月も、手元に残ったお金は7月とさほど変わらなかったし、店員とお客さんの境界が曖昧であることもそれが良いことなのか悪いことなのか、正直僕にはよくわからなかった。それでも、喫茶店という業態を選んだ理由を思い出すと、自由度の高い空間で、放課後の部室のように行けば誰かいて、なんとなくひとりでいるよりいいと感じる場所になってきている実感があって、僕はすごく居心地がよかった。

7月の終わりに感じた「どうして喫茶店なんて選んだんだろう」という後悔は完全に消えていた。お客さんの顔色を常にうかがってご機嫌を取るのではなく、穏やかで機嫌のいい人であること、そして誰もがお客さんとしてもバーテンダーとしても良い時間が過ごせるように環境を整えておくことが、この空間を守っていくために必要なことなんだと学ぶことができた。

それは難しいことではなくて、例えば何か嫌なことがあってもブスっとした態度ではなく、面白おかしい話にしてお客さんに相談してみるとか、お客さんがこれから仕事だと言っていたら、「頑張ってください」とひと声かけてちょっとしたお菓子をプレゼントするとか、そういうほんの少しの気遣いなんだと思う。環境を整えることに関しても、誰でもできるけど誰もやりたがらない掃除やゴミ捨てを率先して引き受けるとか、バーテンダーをしてくれた人に「お疲れ様でした」と缶ジュースを買っていくとか、大げさじゃない、むしろ簡単なことを少しずつ積み重ねるのが大切なんだと思った。

暑い暑いと言いながら、毎日店を開け続けて本当に良かった。

## いつか魔法が起こるまで

10月、コミュニティとしての空間を守っていきながらも、このまま常連さんたちばかりに頼っていてはだめだと、僕とおりんさんの通常営業に力を入れていこうという話になった。

まず、ほとんどが日替わりだったメニューを人気のあったメニューに絞って定番化した。これは常連さんのためというよりは、むしろ看板を見て店に入ってくる新規のお客さんのためで、看板のメニューを見て入ってきたのに作れないものがあるとか、日替わりメニュー一択しかないとか、そういう状況にならないように、いわゆる普通の喫茶店として利用しやすくするためのものだった。メニューの値段もランチは最低でも客単価が1000円くらいになるように設定した。

これもお客さんにアドバイスをもらってわかったのだけれど、例えばホイップクリームとか温泉たまごとか、そんなに材料費がかかるわけではないけれど、なんとなく価値を感じるものをトッピングするだけで100～200円値上げすることができる。量を少なくしたり材料をケチったりして値段を下げたものをたくさん売るのではなく、お客さんの満足度が上がるようなメニューを自分たちが満足できる値段で売る感じだと思う。それから、パフェやワッフルをデザートメニューに加えた。チェーンのファミレスやお洒落なカフェが周辺にないため、しっかりしたデザートを食べたい若い人が入ってきてくれるんじゃないかと考えた。

メニューを変え、それに合わせて看板を作り直すと、また僕は性懲りもなく「これで新井薬師前は攻略できる」と思ってしまった。結果として劇的な変化はなかったものの、確実に以前より通りすがりのお客さんが増えた。常連のお客さんと半分ずつくらいという日が多かったと思う。コミュニティとしての側面と、普通の喫茶店としての側面がいいバランスになっていたと思う。新しいメニューを作ったことで、常連さんが喜んでくれたり、久しぶりに顔を出してくれるお客さんがいたのも嬉しかった。

この頃、夜営業に入ってくれていた人たちがそれぞれの都合で少しずつ抜けていってしまっていた。正直かなり残念だったし不安な気持ちもあったけれど、それでも「またお客さんとして来ます」と言ってくれたり、「またいつかイベントをやらせてください」と言ってもらったりして、今度は自分たちが頑張らなきゃいけない、彼らがまたいつでも戻ってこられるようにこの場所を守っていかなきゃいけないという気持ちが強くなった。その気持ちのおかげで、毎日店を開け続けることができている。

10月以降は、定番メニューを軸にしていろんなことを試した。週末限定でローストビーフサンドを作ってみたり、実家から送られてきたカボチャでプリンを作ってみたり、サツマイモでモンブランを作ってみたり、いろんなメニューをどんどん出していった。スタンプカードを作って、常連のお客さんにお得に通ってもらえるようにしたり、菓子製造許可を取得してお取り寄せのギフトセットを始めてみたりもした。どのアイディアも、思いついた瞬間は「これは当たる」とか「これで新井薬師前は攻略できる」とか、本気でそう思っていたし、その気持ちを育てながら準備をして告知をして、期待で胸をいっぱいにしてお客さんを待っていた。

結局、僕は「当てる」ことも「攻略する」こともできていない。

いろんな試行錯誤をしてみてわかったことがある。「魔法はない」ということだ。新井薬師前という微妙な立地の5坪もないような小さな喫茶店で、経営素人のふたりが一発逆転を狙うなんて自分でも滑稽だと思う。魔法はない。この喫茶店で一発逆転はできない。それはわかっている。わかっているけれど、それでも僕とおりんさんは、いつか魔法が起こるんじゃないかと本気で信じている。そう信じてサイコロを振り続けること。魔法が起こるまで、地道で泥臭くて、お世辞にもシンデレラストーリーとは言えない日々を、毎日毎日繰り返すこと。それが優秀な経営者じゃない僕とおりんさんにできることなんだと思う。

僕とおりんさんは、こうして明日もしょぼい喫茶店でお客さんを待っている。

第6章

# グルーヴはひとりじゃ生まれない

前章まで、時系列に沿って僕とおりんさんがどんなふうにしょぼい喫茶店を始めて、どんなふうに運営してきたかを書いてきました。ここで、その中でわかった実用的な事柄をまとめたいと思います。

# 飲食店の始め方

## 1 お金を貯める

開業資金をつくりましょう。実店舗の場合、物件取得には敷金、礼金、保証金、仲介手数料、前家賃、火災保険などが必要となります。もちろん物件によって違ってきますが、全部で家賃の6〜8か月分くらいだと思います。つまり家賃が10万円以下の店舗だと、だいたい60万〜80万円くらい。しょぼい喫茶店は約72万円でした。

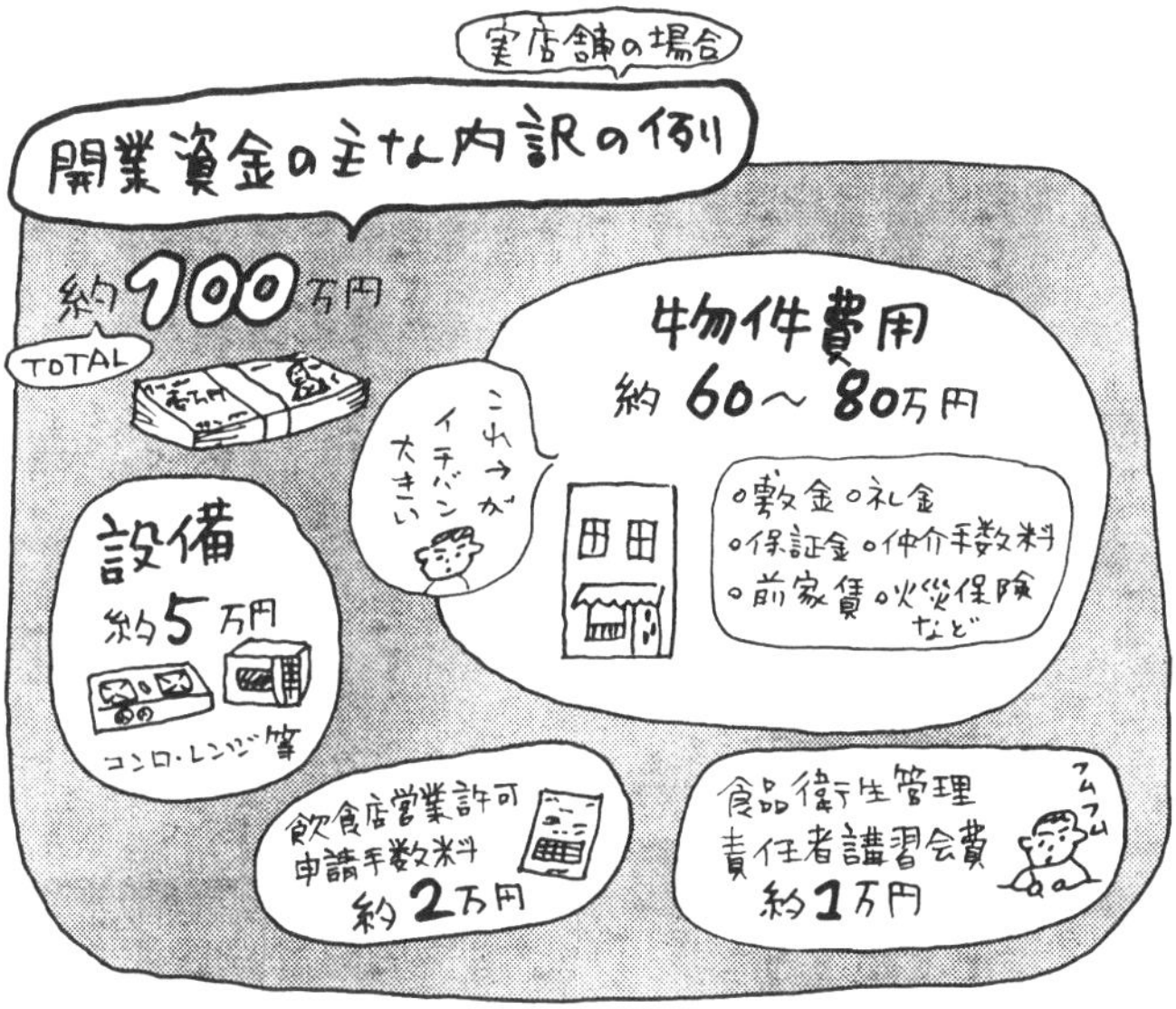


その他に、食品衛生責任者の講習会費が約1万円、保健所の飲食店営業許可の申請手数料が約2万円、コンロやレンジなどの設備に5万円くらいと見積もって、およそ100万円くらいあれば大丈夫だと思います。講習会費と申請手数料は地域によって差があるので、詳しくは自治体の保健所のホームページを見てみてください。

具体的な貯め方としては、アルバイトが一番現実的なのかなあと思います。半年くらい頑張ればどうにかなる気がします。1か月で辞めるアルバイトを6回繰り返せばいいくらいの気持ちで、とりあえず何か始めてみるといいと思います。僕の場合は、開業までの期間限定だったこと、やりたいことのためという理由があったことで頑張れました（結局、目標金額には届かなかったのですが）。

あとはクラウドファンディングも良いと思いますが、SNSでそこそこのフォロワー数がないと厳しいのではないかという気がします。さらに、多くの人からお金を出してもらうのは少し危ないところもあります。クラウドファンディングでは、パトロンはあくまでも支援者なのですが、やはりお金を出してもらった側の気持ちとしては、たくさんの人に事業の行く末を見られている感じがあるんじゃないかと思います。開業資金を出してもらったら、なんとなく店を休みにするのを躊躇《ためら》ってしまいそうじゃないですか？僕はカイリュー木村さんの「自由にやっていいからね」という言葉に甘えて休みを多く取っていましたが、それでもやはり後ろめたい気持ちはありました。顔の見えないたくさんのパトロンがいると、休むことに対して快く思う人もいればそうじゃない人もいると僕は思います。個人差があるとは思いますが、僕はちょっと気を遣って息苦しくなりそうな気がします。

3つめは、出資者を個人的に獲得する方法です。SNSやブログなど、自分の人となりがわかる材料をあらかじめ用意しておくといいと思います。誰かに紹介してもらうのもいいですが、いずれにしても「自分は絶対に持ち逃げしない」という信用をどう積み重ねるかだと思います。例えば、どういった生活をしていて、何をしようとしているのか、そしてそのために今何をしているのか、ということがブログやＳＮＳで明示できているといいと思います。

僕の場合、「アイディアだけあるからとりあえず金をくれ」ではなく、今、実際にアルバイトをして資金集めをしていることが信用につながったと、えらいてんちょうに言われました。それに向けて努力しているけれど自分ではどうにも難しいので協力してほしいという態度が信用になると僕も思います。これと同じような理由でもっとも信用を獲得できるのが、雑用をこなすことです。出資者が店舗を経営していたら、その店に行って掃除やゴミ捨てを手伝ったり、店番を買って出るという姿勢は信用につながります。お金にならない雑用を黙々とこなす人が、お金をもらった時に持ち逃げすると思う人は少ないと思います。アイディアだけでなく、それを実現するために行動すること、そしてそれを知ってもらうということが信用につながると僕は思います。

## 2 物件を探す

大切なことは、とにかく家賃が安い物件を探すことです。立地や広さは「良ければラッキー」くらいに思っておかないと、理想を追い求めるあまりスタート地点にも立てないことになります。というか、理想の物件なんてこの世に存在しないと思っていいです。

安い物件を借りて、まず始めてみる。始めてから理想に近づけていけばいい。つまり、店を育てていくようなイメージです。少しずつお店が変わって成長していくほうが、自分のやりがいにもなりますし、ＳＮＳで発信する場合、見ている人たちも楽しいと思います。

次に大切なのが、居抜き物件であることです。居抜き物件は、前のテナントの設備がそのまま残っている物件のことで、飲食店を始める際は開業資金をかなり節約できます。逆にまったく設備が残っていない壁と天井だけの物件をスケルトンと言うのですが、カウンターやシンク、防火素材の壁や配管などを工事して取り付けると莫大なお金がかかってしまいます。

居抜き物件でも、残っている設備に対して造作譲渡料というお金がかかってくる場合もあります。造作譲渡料だけで１００万円くらいかかる物件が多かった記憶があるので、居抜き物件で、かつ造作譲渡料なしという条件で探しましょう。

実際に物件を探す時は、インターネットで［新井薬師前 飲食店 居抜き］といったキーワードで検索すると何件かヒットすると思います。町を歩き回って不動産屋さんに突撃するのはハードルが高いので、とりあえずネットで検索してみるのがいいと思います。

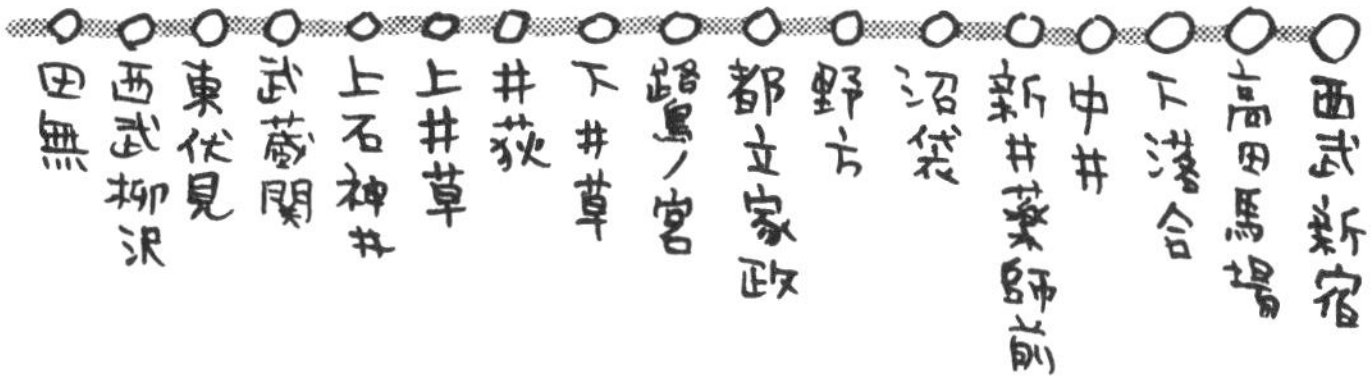


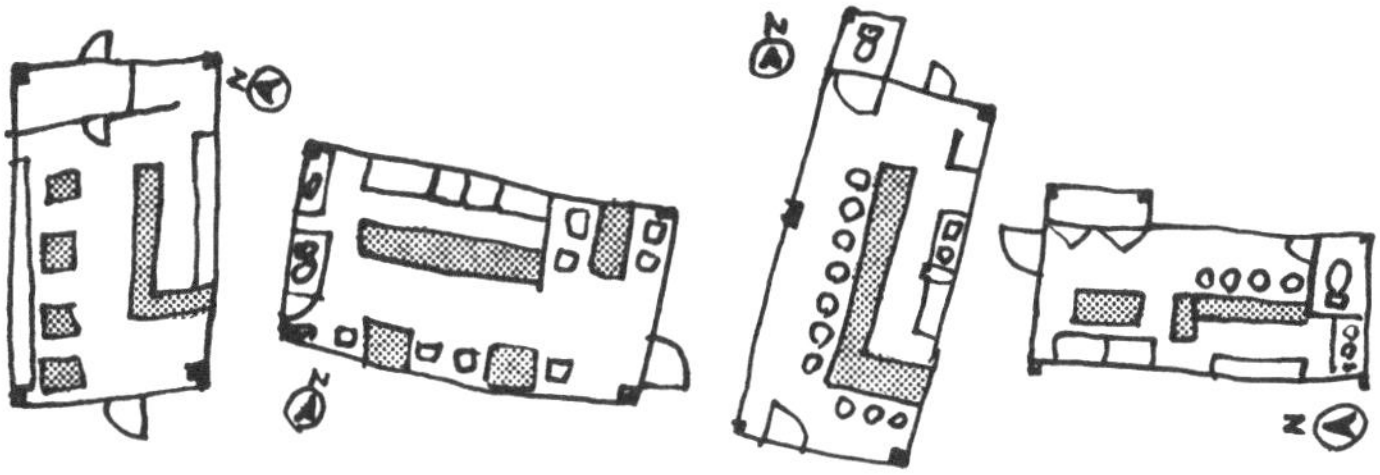

そしてまずは、私鉄沿線を探しましょう。

JR線、特にターミナル駅周辺は家賃相場がかなり高いです。安いものもあることはあるのですが、事務所としてのみ利用可能だったりする場合が多いです。飲食店が可能で10万円以下の物件はないに等しいです。

そこで、ターミナル駅から頑張れば歩ける、私鉄の駅からはまあ歩けるくらいのところを探しましょう。しょぼい喫茶店もJR中野駅から徒歩12分くらい、西武新宿線新井薬師前駅から徒歩5分くらいという立地です。僕は中野区出身の友達に「西武新宿線沿いが安い」と教えてもらったのですが、それまで一度も西武新宿線を使ったことはありませんでした。人の流れや周辺の商業施設を把握するのは重要ですので、土地勘が働く場所に越したことはありませんが、そうでなくても友達に聞いたり、実際に歩き回ってみれば大丈夫だと思います。

僕は東京でしか物件探しをしたことがないので、地方に関してはなんとも言えないのですが、それでも、とにかく家賃が安いこと、居抜きであること、造作譲渡料がかからないことの3点にフォーカスすれば、どこでも開業資金を抑えた起業ができると思います。

## 3 資格、各種許可

飲食店を始めるにはひとつの資格とふたつの許可が必要です。

資格というのは、食品衛生責任者です。飲食店を始めるにあたって、必ずひとりはこの資格を持っている人がいないと保健所の営業許可がおりず、ドリンクを含め、調理したものを売ることができません。1日講習を受けるだけで取得できます。会場に定員があるので、早めに申し込みを済ませたほうがいいと思います。僕は3月1日にオープンするとTwitterで公言していたのに、のろのろしていたせいで東京の会場がすべて定員になってしまって本当に焦りました。ただ、調べてみると、講習を受ける場所と実際に店を開く場所が違う都道府県でも問題ないらしく、埼玉県の会場で講習を受けました。

ふたつの許可のひとつめは、保健所の飲食店営業許可です。食品衛生責任者の資格取得、必要書類の提出、立入検査が完了すると許可がおります。必要書類は自治体の保健所のホームページからプリントアウトできます。中野区の場合は、店舗の図、各種設備のチェック用紙のふたつでした。わからないことがあったら、とりあえず保健所に行きましょう。すごく丁寧に教えてくれます。僕は壁や床の材質がわからなかったのですが、写真を撮って聞きに行ったところ、すぐに教えてもらえました。この書類と、食品衛生責任者の資格を持って保健所に行くと、立入検査の日程を決めることができます。立入検査は、他の店舗の検査との兼ね合いもあるので、なんとも言えま

せんが、僕は運良く3日後くらいに検査に来てもらうことができました。

立入検査でも書類の作成でも、居抜き物件だとすごくスムーズです。前のテナントでも許可が出ていたわけですから、大きな不備さえなければ大丈夫です。

ここまでで、保健所の営業許可が取得できます。食品衛生責任者の資格も含め、早ければ1～2週間くらいで取得できると思います。

ふたつめの許可が消防署の営業許可です。防火対象物使用開始届出書というもので、何種類か書類があるのですが、これが本当に意味不明です。ビルの設計図や断面図など、素人じゃどうやっても無理だと思い、僕もかなり絶望しました。が、とりあえず消防署に行ってみたら解決できました。事前に連絡して日程を決めておいて、書類を持っていきます。僕の場合は、ほとんど空欄でした。「すみません、わかりません、教えてください」と何度も言いました。やはりこれも居抜き物件だったことでビルや物件の資料が残っていたらしく、それを見せてもらいながら空欄を埋めていきました。僕は物件取得から諸々の資格取得、許可申請などを半月ほどで終わらせられたので、なんとなくですがオープンまで1～2か月くらいあれば大丈夫だと思います。

最後に、これは開店してからでも大丈夫なのですが、税務署に開業届を出しに行きましょう。これもとりあえず税務署に行けばすべて教えてもらえます。

## 4 開店準備

物件さえあればお店を始めることはできるのですが、そうはいってもすこしくらいは設備がないと厳しいです。設備に関しても最初にお金をかけようと思うと大変です。とりあえずは最小限のモノがあればオッケーという意識が大切だと思います。

具体的には、皿やグラスは基本的に100均で大丈夫です。100均の食器は本当にクオリティが高いので、言わなければ誰も気づきません。それから、包丁やまな板、冷蔵庫などは自分の家で使っていたものを搬入すれば大丈夫です。

少ない資金で借りられる店舗の大きさは限られていますので、氷がザクザクできる業務用冷凍庫やピカピカの大きな冷蔵庫、オーブンなどは必要ありません。家庭用で十分です。しょぼい喫茶店は、僕がひとり暮らしで使っていた小さな冷蔵庫を友達に協力してもらって運び込みました。フライパンや鍋も僕が以前使っていたものです。オーブンレンジもおりんさんがひとり暮らしの時に使っていた家庭用のものを使っています。それと、実家から食器を数種類送ってもらいました。「こんなのどこにあったの？」みたいな高級そうな食器が実家に眠っていることがあるので、お店を開く際は一度実家に聞いてみるといいかもしれません。

その他のＩＨコンロやゴミ箱、ソファなどは、Amazonのほしい物リストから送られてきたり、小規模クラウドファンディングのpolcaで集まったお金で購入しました。

ほしい物リストやpolcaは、とりあえず公開しておきましょう。僕もおりんさんもえらいてんちょうに促されて始めたのですが、「Twitterやブログでお店の活動報告をしていると、それを見ている人は世界中にいます。応援したいと思っているけれど、さまざまな理由で来店することができない人たちにとって、「いつも応援しています！」という気持ちを届ける手段になります。実際にしょぼい喫茶店には、そういったメッセージとともにほしい物リストから荷物が届けられることがあります。それにお店側も、たくさんの人に支えてもらっていることを実感することができます。ほしい物リストやpolcaを公開するのが躊躇われる気持ちもわかりますが、お店側のメリットだけでなく、応援する側の窓口にもなるので公開しておいてもいいんじゃないかと僕は思います。

自分の私物、実家で眠っていたもの、100均、polca、ほしい物リスト、これでだいたい揃うと思います。設備に関しても、開店してから少しずつかっこよくて便利なものを増やしていくといいと思います。

## 運営

これまでの喫茶店経営でわかったことを体系的に解説していきます。が、必ずしも僕のやり方が正解ではないことと、しょぼい店の運営術であることを念頭に置いていただければと思います。

### 1　3つの側面で運営していく

しょぼい喫茶店には大きく3つの側面があります。

ひとつめが、いわゆる普通の喫茶店としての側面です。看板を見て店に入って来てくれた通りすがりのお客さんが多い時は、この側面での営業になります。ランチの時間帯が多いです。しょぼい喫茶店の近所には競合になるファミレスもなければランチ営業をしている居酒屋もないので、しょぼい喫茶店というわけのわからない店にわざわざ階段を上ってきてくれるお客さんがけっこういます。お昼休憩時のサラリーマンの方や近所のおばちゃんたちが多いです。

この側面での営業の時は、とにかく早く作って早く出すことを心掛けています。しょぼい喫茶店の「ストーリー」を知らないお客さんには普通の飲食店を演じなきゃいけないので、ピリッとした感じになって僕は少し苦手ですが、それでも、どこかで修行したわけでもない僕の料理をおいしいと言ってもらえた時は素直に嬉しいです。

ふたつめが、コミュニティとしての側面です。SNSを見て、しょぼい喫茶店の背景を知っているお客さんや近所の常連の方が来てくれている時です。時間帯だと、週末や平日のティータイムが多いです。この時は和気あいあいとしていて、自分の家に知り合いを招いている感覚です。注文の時も「今日は何ができる？」と聞かれたり、少し失敗しても「いいよいいよ」と言ってもらえたりするので、肩の力を抜いて営業することができます。お客さんと店員の境界が曖昧になるので、話しているうちに「じゃあ週末にその企画でイベント営業をやってみよう」という流れになったりします。

この時間帯は、しょぼい喫茶店を目指してくる人が多いので、決まった時間に確実に店を開けておくことが大切だと思います。毎日決まった時間に開け続ける積み重ねで、少しずつコミュニティが形成されていくのだと思います。

3つめが、イベント営業としての側面です。しょぼい喫茶店では、週末に間貸し営業をすることが多いです。この時は、イベントを行う人によってまったく違う客層になります。僕やおりんさんが営業をしているだけでは届かないであろう層のお客さんたちが来てくれます。Twitterで「やってみたいです」とメッセージをくれる方もいますし、常連の方からの提案もあります。

この3つの側面の割合を、業態や立地に合わせて変動させていけば、しょぼい店の運営ができるのではないかと思います。

例えば、人通りの多い場所で路面店だったら普通の飲食店の側面を増やしたほうがいいですし、逆に人通りがそれほどない場所は、コミュニティやイベント営業の割合を大きくしたほうがいいと思います。普通の飲食店だけでやっていくのも、コミュニティだけでやっていくのも、単体では難しいなと僕は感じました。普通の飲食店は、やはりそれなりのクオリティが求められ続けますし、コミュニティは常連さんがついてくれるまでが大変で、ついてくれたとしてもそれだけでお店の経営を成り立たせていくのは難しいです。なので、店という空間にいろんな側面をもたせて、空気を変化させながら運営していくのがいいと僕は思います。

## 2 店の売りは自分だと意識する

あとは、とにかく機嫌のいい人であることが大切だと思います。なんだかんだ言っても、人間はひとりじゃ生きていけません。特にしょぼい起業でしょぼい店を運営していくには、お金をかけない代わりに人に助けてもらうことがたくさんあります。常連さんにイベントを開催してもらうにしても、そもそも常連さんになってもらうためにも、人柄が良くないと難しいと思います。

しょぼい店は、人柄が一番の商品です。ちょっと休憩がしたいだけならチェーン店のカフェに行きますし、高級なものが食べたければ一流レストランに行きます。しょぼい店はそういうところと競争してはいけません。安売りと長時間労働は大資本だからこそできることであって、僕たちはそもそもそういうフィールドで競っていないんだと、モーニング営業の失敗を通して痛感しました。

しかし、画期的なアイディアや商品は必要なく、とにかく機嫌のいい人であり続ければ、徐々にではありますが、人は集まってくることも学びました。「みんなに好かれろ」とは言いませんが、イライラした態度を外に出さないように自分の機嫌を自分でコントロールするのが、しょぼい店を運営していく上ではすごく大事なのだと思います。

ランニングコストを抑えれば、少し失敗したくらいで店は潰れません。とにかくいろいろ試してみてください。試してみて、いけそうだったらどんどんやって、だめそうならサッとやめる。この繰り返ししかないんじゃないかと僕は思います。

## おりんさんのこと

僕とおりんさんは、２０１８年11月１日に結婚した。

出会ってから1年足らずの結婚は少し早いと思われるかもしれないけれど、この人と結婚したいと思ったから結婚した。

結婚したのは、僕がおりんさんを幸せにするためでも、おりんさんに僕を幸せにしてもらうためでもない。

夫婦とはふたりでひとつの共同体で、その共同体を良くしていくために、その共同体で幸せになるために動いていくものだと僕は思う。僕とおりんさんは価値観は似ているけれど、それでも別人であることは確かで、何を良いと思うか、何を幸せと思うかはもちろん違う。そこを歩み寄ったり気を遣ったり、時には気を抜いたりしながら、僕だけの幸せでもおりんさんだけの幸せでもなく、夫婦としての幸せを目指していくことが大切なのだと思う。

だから、どちらかが幸せだと思っても、どちらかが気を遣いすぎて疲れてしまっているのは良い状態ではないと僕は思う。仮にそういう状況になったら、どうしてそんなに気を遣ってしまったのか、共通の認識を改めて同じ方向に進んでいくのが大切だと思う。

僕はおりんさんとならそれができるし、そうしていきたいと思った。

それはしょぼい喫茶店を一緒に運営してみてすぐに感じた。特に話し合ったりマニュアルを作ることもなく、お互いのことを考えてスムーズに動けていた。営業中はもちろん、新メニューを話し合う時も、一緒に買い出しに行く時も、すごく気が楽だった。居心地が良かった。

だから結婚したいと思った。

具体的にそういう話になったのは4月のことだった。3月にしょぼい喫茶店がオープンし、その頃僕はまだ新宿の学生マンションに住んでいた。2月におりんさんが上京してきた時は、お互い先のことをまったく考えていなかったので、ふたりとも「店に住めば大丈夫でしょ」と本気で思っていた。

最初に会った時、「住む場所はどうするんですか？」と聞いたら、おりんさんは「とりあえず店に住もうと思っています」と言っていた。その時点では、しょぼい喫茶店が構造的に住めないとも知らず、僕も店に住むつもりだったので、「ふたり一緒に飲食店に住むのは良くないだろ」と思った。

それでも「いや、俺が住むからどっか行ってください」とも言えず、「それはどうなんですかね、あの店狭いから……」みたい感じで返事を濁していた。

実際に住むことを考えた時、洗濯と風呂をどうするのかという話になって、毎日銭湯とコインランドリーになんて行けないとふたりで悩んでしまい、結局その日は住む場所を決めきれなかった。

それから何日か後。僕が物件の契約をして鍵をもらった日、おりんさんと店の中を見てみようという話になっていた。待ち合わせ場所に行くと、おりんさんは開口一番、すごいことを口にした。

「私、部屋借りちゃいました」

満面の笑みだった。僕は満面の苦笑いだった。たった数日で部屋を探して契約する行動力と、何の相談もなく決めてしまう決断力は起業家向きではあるけれど、僕は顔を引きつらせながら「マジですか……」と声を漏らしてしまった。

「こっちにあるんで一緒に行きませんか？」と言われたので、とりあえずついて行ってみた。絵に描いたような昭和のアパートだった。どうリアクションすればいいかわからなかったので「渋くて雰囲気がありますね」と言うと、おりんさんは「ですよね～！」とけっこう嬉しそうな感じだった。「ここ、家賃は9万5千円なんです」と満面の笑みで言われたらどうしようと怖くなり、家賃についてはおりんさんから言い出すのを待つことにした。

その後、しょぼい喫茶店をひと通り見回したあと、近くのお店でご飯を食べた。おりんさんは席に着くなり鞄の中からアパートの契約書を取り出した。おそるおそる家賃を見てみると5万円だった。微妙。めちゃくちゃ微妙。あのアパートで5万か～という感じだった。正直もう少し安いと思っていた。

もちろんそんなことは言えないので、ふむふむみたいな反応をしていると、おりんさんはそれを察したのか、何軒も不動産会社を回ったけど風呂・トイレ付きの物件ではここが一番安かったのだと教えてくれた。

僕はとりあえず3月末までは新宿の学生マンションに住んで、4月以降は基本的に店に住みつつ風呂や洗濯の時だけそのアパートを借りて、おりんさんはずっとそのアパートに住む、ということで話がまとまった。

まだしょぼい喫茶店のオープン前で、月々5万円の出費は不安だった。おりんさんは貯金があるから半年間は自分で払えると言っていたけれど、店長なんだし店員の家賃くらいは払わなきゃと僕は思っていた。

この5万円どうなるのかな〜、怖いな〜、と思いながらその日は解散した。しょぼい喫茶店がオープンしてから、僕はこの時のおりんさんの行動力と決断力にものすごく感謝することになる。


3月、おりんさんは小さなスーツケースとボストンバッグだけで上京してきた。もちろん布団なんて持っていないし家具もない。部屋の鍵をもらえるのが3月の2週目だったので、オープン当初はふたりで新宿の学生マンションに寝泊まりしていた。若い男女が何日も同じ部屋で寝泊まりするのはいかがなものかと思うかもしれないけれど、当時は本当に忙しくて、11時から23時まで休みなく働き、終電で帰って家に到着した瞬間にどちらかは布団、どちらかはこたつで爆睡し、朝は先に起きたほうから家を出る感じで、そんな艶っぽい展開は一切なかった。おりんさんが疲れて店から一歩も動けなくなってしまい、タクシーで帰ったこともあった。マジで一刻も早く近いところに住みたい。店からの帰り道、僕たちはそんなことをずっと話していた。

おりんさんがアパートの鍵をもらった日に合わせて、ネット通販で布団を買った。部屋の中を見せてもらうと、「絵に描いたような昭和のアパート」という、以前とまったく同じ感想を抱いた。その部屋の中に布団を敷くと、昭和の哀愁なんてものは通り越してちょっとした心霊スポットのような雰囲気があった。「え、怖くない？」「これはマジで怖い」と話したのを覚えている。

そんなこともあって、鍵をもらってからも何日かは新宿の学生マンションから店に通っていた。３月の夜はまだまだ寒くて、ふたりでパーカーのフードを被って歩いた。それでも寒かったので、フードから出ている紐を引っ張って、なるべく顔を隠すようにした。変な人たちと思われていたかも知れないけれど、疲れと寒さでそれどころではなかった。おりんさんはフラフラだった。

その後、新宿から通い続けたら、寒さと疲れで４月を待たずにふたりとも倒れてしまうかもしれないけれど、あのアパートでひとりで寝るのは怖すぎるという流れで、僕の布団をアパートまで持って行くことになった。留学の時に使っていためちゃくちゃ大きいスーツケースに敷布団と毛布、バックパッカーみたいな大きなリュックに掛け布団を押し込んで、枕はビニール袋に突っ込んだ。詰め込むのは少し大変だったけれど、案外簡単に布団の移動ができた。

そんな感じで、「わー、ついに同棲だねー」みたいなキラキラした雰囲気は一切なく、ただ1分でも長く寝たいけれどあのアパートでひとりで寝るのは怖すぎるという理由で同棲が始まった。僕が転がり込んだというか、ふたりで転がり込んだというか、まあそんな感じだった。

それから24時間ずっと時間を共有する生活になった。もともと僕は、親友とでも3日一緒にいるのが限界だったのに、おりんさんとはすごく居心地がよかった。おりんさんも同じようなことを言っていた。別に嫌いなわけでもつまらないわけでもないのだけれど、なんとなく疲れてしまって自分の家に帰りたいみたいなあの感じが、おりんさんとはまったくなかった。

生活に関しても、3月末に友達に協力してもらってレンタカーで引っ越しができたので、それなりに家具があって、部屋っぽい感じになっている。住めば都というか、実際住んでみるとそんなに気にならないし、まあ欲を言えばキリがないのは事実なんだけれど、普通に生活できている。そう思えるのも、一緒に住んでいるのがおりんさんだからなんだと思う。

だから僕は、この人と結婚したいと思うようになって、自然とそういう話題がふたりの間で出てくるようになった。なんとなく結婚したいとは言っていて、おりんさんもそういう感じではあったんだけれど、こういうのはちゃんと言っておきたいと思って、5月に旅行した新島でプロポーズをした。

新島は前から行ってみたいと思っていて、綺麗な海と無料のキャンプ場、無料の露天風呂まであるのがかなり魅力的だった。おりんさんはインドア感があるけれど、意外とアウトドアが好きらしく、すぐに目的地が新島になった。

その頃おりんさんは、「死にたいトンネルを抜けた」とよく話していた。それまでずっと早く死にたいと思っていたけれど、しょぼい喫茶店で働き始めたことでその気持ちが消えたらしい。むしろできるだけ長生きしたいから、病気と事故には本当に気をつけたいと言っていた。

すごく嬉しかった。毎日ずっと一緒にいて結婚したい人が死にたいと思っているのはすごく悲しい。だからといって、本人ではないのでその気持ちをどうにかすることはできない。とりあえず、なるべく楽しい毎日を過ごせるように、その毎日がずっと続いてほしいと感じてもらえるように、とは思っていたけれど、結局おりんさんが自分の死にたい気持ちを消すことができたのは、おりんさんが自分でそのために動いたからだと思う。僕のブログにコメントしたのも、それからすぐに東京に来たのも、今、一緒に働いてくれていることも、全部おりんさんが自分で決めて自分で動いたのだ。

死にたいトンネルから抜けたいという気持ちで動き続けた。自分で自分を救った。素直にすごいと思う。辛い辛いと言っているだけじゃなくて、ちゃんと自分の足で動いてその状況をどうにかしようとした。

そのこともあって、この機会にプロポーズしようと思っていた。旅行は天候にも恵まれ、ゴールデンウィークを外したことで人も少なくて、すごく楽しい時間を過ごせた。最終日の朝、早起きして朝日を見に海へ行った。少し寒かったけれど、海のにおいがする朝の空気は新鮮だった。

海から出てきた朝日を眺めて、「結婚してください」と僕はおりんさんに言った。

おりんさんは「よろしくお願いします」と言って、「長生きしようね」と笑ってくれた。

そんな感じで5月にプロポーズをして、それからは月に1回くらいのペースで僕の実家のある長野とおりんさんの実家のある鹿児島を行き来し、互いの両親に挨拶をして、11月に結婚した。

僕は、結婚してから仕事やお金に対する考え方がだいぶ変わった。しょぼい喫茶店がオープンした頃は、自分が明日死なないだけのお金があればいいやと本当に思っていたけれど、今はそれではだめだと思っている。妻がいて、長野と鹿児島に両親がいて、そんなに遠くない将来には子供もいると思う。妻にはおいしいご飯を食べてほしいし、温かくて柔らかい布団で寝てほしい。両親にはいつか、サプライズで高級なマッサージチェアとか送りたいし、子供には自分が両親にしてもらったくらいはしてあげたい。僕が今、楽しくて幸せと思えるのは、僕の周りにいてくれる人たちのおかげなんだと結婚して気づくことができた。

就職活動に失敗して寝込んでいる僕を訪ね、キャッチボールに連れ出してくれた友人から、しょぼい喫茶店に荷物が届いたことがある。地元の食べ物とかイタチの剝製とか、よくわからないものがたくさん入っていたのだけれど、その中に手紙が1枚入っていた。

「グルーヴはひとりじゃ生まれない！」

そう大きく書いてあった。グルーヴというのは、音楽でよく使われる言葉で、なんとなく楽しくていい雰囲気ということだ。

僕はこの言葉が大好きだ。今こうやって楽しいと思える環境は、僕ひとりで生み出したものではない。おりんさんがいてくれて、両親がいてくれて、えらいてんちょうやカイリュー木村さんがいてくれて、常連さんやお客さんがたくさんいてくれるから、今この環境で僕は生きていられる。そうしたら、今度は僕がそれを還元していかなければならないと思う。

あの時、おりんさんが東京に来てくれなかったら、両親が応援してくれなかったら、えらいてんちょうやカイリュー木村さんがいてくれなくてお客さんもいなかったら……。

そう考えると僕はたくさんの人に生かされている。この社会は誰かを生かしてくれる社会なんだと気づくと、今度は僕が誰かを生かすことのできる人間にならなきゃいけないと思った。だから、少し眠くても決まった時間に店を開けるし、毎日掃除をしてゴミ出しをする。

お店を始めるまでは、何にも縛られない自由こそが幸せなんだと思っていたし、それを確保できるだけのお金があればいいと思っていた。でも、今はそうじゃない。僕は、自分自身の自由を放棄して得られるものでしか大切なものを守ることができない。だけど、そのことで僕以外の誰かが幸せになるのなら、それは僕にとっても幸せなことだ。

何か特別な才能があれば、自分も楽しみながら誰かを幸せにできたかもしれない。でも、僕にそんなことはできない。だから、毎日コツコツと積み上げて少しずつお金を稼いでいくことでしか大切なものを守ることはできないし、支えてくれた人たちに恩を返したり、目の前でくすぶっている才能に火をつけることもできない。優秀な経営者じゃない僕は、そうやってお金でしか人を守ったり救ったりすることができない。

グルーヴはひとりじゃ生まれない。

このグルーヴを守り広げていくには、毎日コツコツと頑張るしかない。

だから僕たちは、今日もしょぼい喫茶店でお客さんを待っている。

# 長めのあとがき

おりん

看護師として東京で3年働き、激務からうつになりました。

出口のない真っ暗なトンネルの中に、ひとりっきりでいるようでした。

初めから人生について悲観したり絶望したりしていたわけではありません。社会人になった頃は、それなりに夢もあり、将来への希望を持っていました。

ですが、仕事を続けていくにつれ、患者さんはモノのように、スタッフは道具のように扱われ、ひたすら消耗していくことが苦しくなりました。頑張れば頑張るほど増えていく仕事と、大きくなっていく責任に、私は潰されてしまったのです。

仕事を辞めたい、でも辞めたら生きていけない、と思っていました。仕事を続けるか、今すぐ死ぬか。その二択しか私の中にはありませんでした。うつになって、自分でも気づかないうちに視野が狭くなっていました。

自分が幸せになんてなれるわけがない。自分は本当にだめで、無能で、生きている価値のない、早く死んだほうがいい人間だとしか思えませんでした。

仕事をして、収入を得て、衣食住に不自由はしていなかったし、お金に困ることもなかったけれど、こんな毎日を繰り返す意味がわからないと思っていました。明日こそは目が覚めませんように、と本気で願いながら眠りにつく毎日でした。

死のうとしたこともありますが、死ねませんでした。なぜもっと勇気が出なかったんだろうと思いながら、どこかでホッとしている自分もいたことにものすごく腹が立ち、必死に生き延びようとしていた私に「だからおまえはいつまで経っても死ねないんだよ、意気地なし！」と酷い言葉をかけました。

その後、両親と主治医に助けられ、実家の鹿児島に帰って療養生活を送ることになりました。病院に通いながら、通信制の大学で心理学を勉強し、自分のうつ病を自分でどうにか治せないかと模索していました。

自宅にほとんどこもっており、日々、死にたい気持ちと死ねない現実の狭間で潰されそうでした。仕事を辞めて楽になったはずなのに、一向にトンネルの出口は見えず、それどころか出口なんかないんじゃないかという気すらしていました。

そんな生活が1年ほど続いたある日、Twitterで強烈に惹かれるワードを目にしました。

しょぼい喫茶店やってみる

えもいてんちょうのTwitterとブログに、そう書かれていました。

読んでいくと、えもいてんちょうの労働に関する考え方や、自分の中の幸せの定義、どんな喫茶店にしたいかなどが書かれており、読めば読むほどに「これだ！　私が働きたいのはこういう喫茶店だ！」という思いが強くなっていきました。

数日悩みに悩んで、勇気を振り絞ってえもいてんちょうのブログに「働かせてほしい」というコメントをしたのが、２０１８年1月16日のことです。

ただ働かせてほしいと言うだけでは、えもいてんちょうに何のメリットもない上に、この時点ではお互いに面識すらありません。しかも私は鹿児島にいて、相手は東京にいるのです。何ができるか考えた結果、働いていた頃の貯金があったので、しょぼい喫茶店に出資をさせてもらって、そのリターンとして働かせてもらうことはできないだろうかと考えました。私はもう何も失うものがなかったので、その貯金をすべてこのしょぼい喫茶店に賭けてもいいと思っていました。

翌日、えもいてんちょうから返信があり、Twitterのダイレクトメールでやり取りをしました。出資は断られてしまったので、「無賃でいいので働かせてほしい」と話しました。

何か手伝いたくても鹿児島と東京はあまりにも遠くて、「頑張ってください」と言う他に何もできませんでした。まだ私はしょぼい喫茶店で働きたい人でしかなく、えもいてんちょうに会ってみなければ採用か不採用かもわからない。けれど、今行くしかないと思いました。

上京前に、伸びきった髪を切るため、いつぶりかわからない美容室へ行きました。美容室で鏡に映った自分を久しぶりに見ると、顔は青白く、目の下にはクマがあり、髪はボサボサで、これはさすがに不健康そうだなあと自分でも思いました。そして、今までのさまざまな葛藤を断ち切り、心機一転しようと思い、バッサリ髪を切りました。髪が軽くなると気持ちも軽くなったような気がして、何だか嬉しかったです。鏡に映る自分も、少し顔色が明るくなったように見えました。

それから、母と靴を買いに行きました。

出かける時、私はヒールのある靴ばかり履いていました。スニーカーを履いて足が太く見えるのが嫌でした。そんなことを気にしている自分のことが一番嫌だったのかもしれません。

もう一度上京したら、自分の足で歩き回って、会いたい人と会って、行きたいところに行くぞ！　という強い決意がありました。そのためにはヒールじゃだめなんだ。自分の足で地面をしっかり踏みしめて歩きたいんだ。気づいたら母にそんな話をしていました。

母が「私はこれくらいしかできないから」と言って、靴屋さんで紺色のスニーカーを買ってくれました。東京に再び行くと急に言い出した私に対して、心配した顔をしながらも応援してくれているんだということが伝わってきて、ますます「行くぞ、やるぞ」という気持ちになりました。

父に「東京に行こうと思う」と話した時は、一瞬びっくりしていましたが、「やりたいことがあるのは良いことだね。気をつけて行ってきなさい。ちゃんと帰ってくるんだよ」と、少し心配しながらも笑って送り出してくれました。

そうして2018年2月8日。二度と行くことはないと思っていた東京へ、1年ぶりに向かいました。

毎日死にたい、生きるのを辞めたい、と思わなくても済む日々が送りたい。そう思っていた私にとって、しょぼい喫茶店は真っ暗なトンネルに差し込んだ一筋の光でした。

上京後、私は光に向かって一歩ずつ歩き続けました。

ずいぶん昔に忘れてしまった今日も生きている喜びを、再び感じられるようになって、死にたい気持ちはいつのまにかどんどん小さくなっていきました。

あんなに嫌だった明日を楽しみに眠りにつくようになった反面、あまりの変化に「これは夢で、いつか覚めてしまうんじゃないか」という不安もありました。

自分は常に不幸でなければならない、と自分自身に呪いをかけていたのだと思います。たくさんの方に支えられながら、徐々に自分が「今、幸福であること」を現実として受け入れられるようになっていきました。

ある日、えもいてんちょうが「死にたい気持ちの10がここで、0がここだとしたら、今どのくらい?」と、両手で0から10の幅を示しながら聞いてきました。私は一瞬も迷わず、0のところにあった彼の手に「パーン!」とタッチしました。

いい音がしました。

私、もう、全然死にたくないじゃん。めちゃくちゃ生きたいじゃん。と、心の中で思いました。思わず口元もにんまりゆるんで、えもいてんちょうも笑っていました。こんな日が来るなんて、自分でも想像していませんでした。

出会って最初に感じたえもいてんちょうのふわ〜っとした不思議な雰囲気は、黙って人を包み込むことのできる優しさからくるものだったのかもしれないなあと、いつからか思うようになりました。

行動を起こす時も、発言する時も、周りをものすごくよく観察し、自分よりも相手のことを思う心に溢れていて、困った時は力強く明るいほうへ引っ張ってくれました。

この人がおじさんになって、おじいさんになったら、どんな感じになるのだろう。お互いしわくちゃになっても、こうやって毎日笑いながら一緒に時間を過ごせたらどんなに素敵だろう。

そんな日を迎えるために、できるだけ長生きしたいと強く思うようになりました。心の奥深くに刻まれていた、すべてに対する絶望が溶けていき、主治医も驚くほどめきめき回復して、うつ病は寛解しました。

こうして私は、死にたいトンネルを完全に抜けました。

そして２０１８年11月１日。私たちは結婚しました。

プロポーズの時の夫は、優しい優しい顔をしていました。

水平線から昇ってくる朝日に照らされながら、夫と向き合って目を合わせると、今まで感じたことのない温かい気持ちが溢れて、目がチカチカしました。

オレンジ色の力強い光は、あたりのすべてを包み込み、あの時、真っ暗なトンネルの中で見つけた一筋の光は、ここにつながっていたんだと思いました。

それは、これからの私たちを明るく照らしてくれているようでした。


結婚して今思うことは、妻としてどんな時も夫を信じ、応援し続ける最強のイエスマンでありたいということです。そんな妻が隣にいるからこそ、夫はどこまでも大きく羽ばたき、輝き続けられることを、夫のお母様や、えらいてんちょうの奥様から学びました。


夫が輝く姿を見るのは、私にとっても大変幸せなことです。

もちろんうまくいく時ばかりではないでしょう。

むしろうまくいかない時のほうが、人生の中では多いのかもしれません。

うまくいかない時こそ、ふたりで一緒に力を合わせてこれからも乗り越えていきます。

今度は自分たちが頑張る番です。何も大それたことはできないけれど、コツコツと日々を積み重ねて、感謝の気持ちを少しでもかたちにできるようにしていきます。

そして、たくさんの方々が灯してくださった光を、私たちでとどめることなく、次の世代につないでいきたいと思います。


夫の親友が手紙で書いてくださった「グルーヴはひとりじゃ生まれない」。

ひとりじゃだめなんですよね。誰かを守って、何かを守って、そうすることでなんだかいい感じの雰囲気が少しずつ広がっていくのだと思います。

グルーヴが近くの人々に伝染し、少しずつ広まっていってくれたら、これ以上嬉しいことはありません。

人生はまだまだ続きます。

自分も、夫も、遠くない未来で待っている子どもも、そして自分の両親や夫の両親、そのご家族、いつも応援してくださっているえらいてんちょうやカイリュー木村さん、私たちに関わってくださるすべての方々、それからその方々の大切な人たちが、今日も明日も幸せであることを心から祈ります。

今、生きていて良かったと思えるのは、本当にみなさんのおかげです。

感謝の気持ちを忘れず、これからも丁寧に日々を紡いでいこうと思います。

# しょぼい喫茶店の本

2019年4月17日　第1刷発行

著者　池田達也

デザイン　五十嵐ユミ
イラスト　浅妻健司
発行者　北尾修一

発行所　株式会社百万年書房
〒150-0002　東京都渋谷区渋谷3-26-17-301
tel 080-3578-3502
webページ http://millionyearsbookstore.com/

印刷・製本　中央精版印刷株式会社

ISBN978-4-9910221-7-3 C0030　

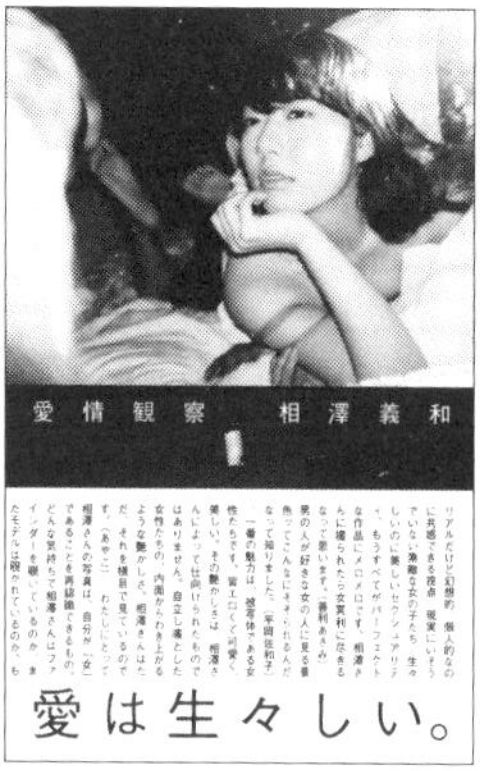
愛情観察　相澤義和
愛は生々しい。

# 何処に行っても犬に吠えられる〈ゼロ〉

百万年書房＝編

**90年代『Quick Japan』誌で人気だった街ネタ記事をリミックス。**

**こだま（『夫のちんぽが入らない』著者）、興奮。**

「90年代後半『Quick Japan』誌に掲載された北尾修一さんの取材文（改稿版）と2018年現在の女の子の生活を切り取る小西麗さんによるエッセイが交互に織り込まれ、異世界を何度も行き来するような面白さだった」

**堀部篤史（誠光社店主）、驚嘆。**

「こうして当時の北尾修一さんによる記事を再編集したものを読み返してみると、岸政彦さんの『断片的なものの社会学』あたりの雰囲気とリンクするのに驚いた。時代が一周したということだろうか。「あたらしい社会学」に関心のある若い読者も是非」

本体1,000円＋税　1c80p ／ A5変型判・並製　ISBN978-4-9910221-0-4 C0095